跑步姿势优化指南

预防损伤、提高跑步经济性及提升跑步水平

[加] 欧文·安德森（Owen Anderson） 著

朱思昊 徐小平 译

人民邮电出版社

北京

图书在版编目（CIP）数据

跑步姿势优化指南 ： 预防损伤、提高跑步经济性及提升跑步水平 /（加）欧文·安德森（Owen Anderson）著 ；朱思昊，徐小平译. -- 北京 ：人民邮电出版社，2023.11
ISBN 978-7-115-60840-6

Ⅰ. ①跑… Ⅱ. ①欧… ②朱… ③徐… Ⅲ. ①跑一健身运动一指南 Ⅳ. ①G822-62

中国国家版本馆CIP数据核字(2023)第031377号

版 权 声 明

免 责 声 明

作者和出版商都已尽可能确保本书技术上的准确性以及合理性，并特别声明，不会承担由于使用本出版物中的材料而遭受的任何损伤所直接或间接产生的与个人或团体相关的一切责任、损失或风险。

内 容 提 要

本书作者基于多年的理论研究和执教精英跑者的实践经验，系统、详细地介绍了打造适合自己的高效跑步模式的方法，包括如何评估自己的跑步模式，如何设置触地胫骨角度、最大胫骨角度、反向摆动、触地足部角度和黄金比例等关键动作参数，以及优化这些参数的训练方法。此外，本书还探讨了跑鞋与跑步模式的关系、特殊人群的跑步模式及跑步专项力量训练方法等。本书旨在帮助跑者优化跑步姿势，预防损伤并提升跑步水平。

◆ 著　　　[加] 欧文·安德森（Owen Anderson）
　　译　　　朱思昊　徐小平
　　责任编辑　刘日红
　　责任印制　彭志环

◆ 人民邮电出版社出版发行　　北京市丰台区成寿寺路 11 号
　　邮编　100164　电子邮件　315@ptpress.com.cn
　　网址　https://www.ptpress.com.cn
　　涿州市般润文化传播有限公司印刷

◆ 开本：700×1000　1/16
　　印张：14　　　　　　　　　2023 年 11 月第 1 版
　　字数：206 千字　　　　　2024 年 12 月河北第 6 次印刷
　　著作权合同登记号　图字：01-2018-2765 号

定价：68.00 元

读者服务热线：(010)81055296　印装质量热线：(010)81055316
反盗版热线：(010)81055315
广告经营许可证：京东市监广登字 20170147 号

本书序

本书中文简体版上一版名为《跑步模式：如何设置适合你的跑步动作参数》，于 2020 年首次出版。该书以科学、系统、详细的跑步模式训练知识体系为基础，结合了作者多年来的理论研究和执教精英跑者的实践经验，旨在有效提升跑步爱好者的运动表现，同时避免发生与跑步运动相关的损伤。因此，该书受到了广大读者的认可。

为了进一步突出优化跑步姿势对于预防损伤、提高跑步经济性和提升跑步水平的重要作用，直观地呈现图书定位和特点，在本次修订中将《跑步模式：如何设置适合你的跑步动作参数》更名为《跑步姿势优化指南：预防损伤、提高跑步经济性及提升跑步水平》。

最后，如本书仍有疏漏或尚需改进之处，敬请同行专家以及广大读者指正。

2023 年 5 月

致谢

在本书的创作过程中，我获得了很多人的帮助，在这里我想对他们表示感谢。

如果没有我的好朋友兼同事沃尔特·雷诺兹（Walt Reynolds）的帮助，就不会有这本书。两年多以来，沃尔特和我几乎每周都会在吃完由生鱼片、面条和热气腾腾的绿茶组成的午餐后，详细地讨论跑步模式。是沃尔特向我介绍了本书中独特的模式术语，如触地胫骨角度（shank angle at touchdown，SAT）、最大胫骨角度（maximal shank angle，MSA）、反向摆动（reversal of swing，ROS）、触地足部角度（foot angle at touchdown，FAT）和极重要的黄金比例（ROS／MSA）。黄金比例决定了谁能在精英赛的最后登上领奖台，或谁能在最容易受伤的非精英赛中达成自己的目标。沃尔特有一个惊人的发现：在从 100 米短跑到马拉松长跑的世界纪录保持者中，除了一个人例外，其他人的 SAT 都是相同的。

沃尔特还发现，尤塞恩·博尔特（Usain Bolt）（100 米世界纪录保持者）和丹尼斯·基梅托（Dennis Kimetto）（2014 年马拉松世界纪录创造者）落地时的腿部位置非常相似，进而得出结论：跑步时存在最佳触地方式。沃尔特还在跑步速度方面有了重大发现：跑者能达到的速度与其触地时的冲击力有关。沃尔特担任肯尼亚 100 米和 200 米纪录保持者马克·欧迪诺（Mark Otieno）的教练。我认为沃尔特是世界上最有见识的跑步模式专家之一，读者们将从本书中了解他的理念和建议。

我也很感激我执教和管理的肯尼亚长跑精英运动员们，他们使用了本书中介绍的视频分析法和推荐的模式练习后，运动表现水平都有了显著的提高。辛西娅·利莫（Cynthia Limo）［获 2016 年国际田径联合会（以下简称国际田联）世界半程马拉松锦标赛银牌，在 2016 年公路赛统计协会的世界公路赛排名中位居第一］、玛丽·瓦塞拉（Mary Wacera）（获 2014 年国际田联世界半程马拉松锦标赛银牌，2016 年获该赛事铜牌）、莫妮卡·恩吉格（Monicah Ngige）（2 次库珀河大桥 10 千米跑的获胜者，2017 年蒙特雷湾半程马拉松赛冠军）、玛丽·旺吉（Mary Wangui）（2017 年塔尔萨 15 千米跑获胜者）、艾凡·开普凯莫伊（Iveen Chepkemoi）（2017 年肯尼亚阿克索迪克越野运动会冠军）及格拉迪丝·基普索伊（Gladys Kipsoi）（2017 年匹兹堡半程马拉松赛获胜者），这些运动员都使用了本书介绍的方法，提高了自己的成绩并降低了损伤风险。

我训练的次精英级跑步选手也在使用本书的改进练习方法。拉里·库尔茨（Larry Kurz）博士、劳伦斯·凯莱门（Lawrence Kelemen）、雅各布·努罗拉（Yaakov Nourollah）、大卫·罗斯马林（David Rosmarin）博士、查利·莫罗（Charlie Morrow）、梅厄·卡尼尔（Meir Kaniel）、保罗·格雷（Paul Gray）、伊利·卡尔芬克尔（Elie Karfunkel）、里夫基·卡尔芬克尔（Rifky Karfunkel）、伊斯罗尔·盖尔伯（Yisroel Gelber）、优素福·韦斯曼（Yosef Weissman）及奥米德·哈基米（Omeed Hakimi）全都使用了本书中的技术，提高了跑步速度并避免了损伤。我尤其要感谢拉里·库尔茨博士、劳伦斯·凯莱门和雅各布·努罗拉，感谢他们给予我的信任、友谊和不断的支持。

我还要特别感谢人体运动出版社（Human Kinetics）的各位编辑。他们是安妮·霍尔（Anne Hall）、凯特琳·赫斯特德（Caitlin Husted）、米歇尔·马洛尼（Michelle Maloney）和汤姆·海涅（Tom Heine），感谢他们不知疲倦地工作，让这本书最终得以面世。此外，还要感谢他们在我的写作过程中，给了我许多好的建议和帮助。在我因执教和管理精英团队而延误写作的时候，他们也总是对我那么有耐心并且一直支持我。我的编辑们在本书中展现了丰富的文字修饰技巧，并为文字配上了恰当的照片、图表及说明等，使得本书的质量大为提高。

我还受益于很多其他科学家的大量研究，特别是彼得·韦安德（Peter Weyand）在南卫理公会大学运动表现实验室进行的调查、丹尼尔·利伯曼（Daniel Lieberman）在哈佛大学人类进化生物学系的研究、艾琳·戴维斯（Irene Davis）在哈佛医学院和斯波尔丁国家跑步中心的实验研究。这些研究都为步态的横向和纵向动力、跑步模式对冲击力和动力的影响，以及跑步模式的不同方面与表现水平和损伤风险之间的相互作用，提供了深刻的见解。

前言：模式的重要性

这本书的灵感源自一个晚上，我和朋友汉斯·欧文托夫（Hans Overturf）参观了旧金山基泽体育场的跑道。因为那天早些时候，汉斯说要去基泽体育场进行他的每周速度训练。

那是个周二的晚上，毫不例外，汉斯每周的这一天都要进行速度训练。毕竟每个跑者似乎都深信现代跑步计划中应该包括周二的速度训练。令人吃惊的是，那天晚上跑道上竟然有 300 多名跑者——最让我震惊的是，有个人竟然是从密歇根兰辛来到海湾地区的。在我的家乡，很难找到这样坚毅的跑者：把躯体裹在 7 层防风面料里，瑟瑟发抖地在兰辛河畔跑着，不顾一切地想要锻炼。

基泽体育场的天气情况没有那么恶劣（跑道上的气温约为 14 摄氏度），锻炼的人形形色色，这正是我在旧金山所期待看到的。一名女士按惯例沿着跑道步行，一位西装革履的生意人在慢跑。跑者中有穿着室内拖鞋的老先生，有一头银发并且推着助步车的老妇人，还有不同年龄、不同水平的跑者，包括一些身材结实的来自不同地区的跑步俱乐部的成员。

但更令人震惊和不安的是，所有绕着跑道运动的跑者，都在使用错误的跑步模式。跑得最慢的人的模式是错误的，而跑得最快的人的模式也是错误的。虽然他们的跑步速度相差很大，但步态极其相似。无论男女，都采用了错误的跑步模式。

并且所有人对此都不以为意！教练们像"野餐的蚂蚁"，围在跑道外侧，在跑者经过的时候喊出问题和指令。在这些教练中，不少人仔细地计时，提供整体训练内容、训练间隔时长、恢复时间、重复次数、跑步速度、运动饮料的摄入量等大量的信息。但是，没有一个人注意到跑者的跑步模式。

我特别注意到一名跑者，他无疑是训练有素的——心脏和腿部的肌肉在驱动他奔跑。这个人拥有强大的耐力，沿着跑道快速移动。但是他在每一次落地时都明显地伸直腿部，让强烈的冲击力直抵脚跟，而触地位置无疑位于跑者重心前方很远的地方。在我看来，任何人都能轻易地看出，他每次触地都是在进行一次强有力的制动动作，从而产生强大的冲击力。而他的教练却还在喊："干得好，乔（Joe）（为保护当事人，跑者使用化名）！"

另一位跑者的触地方式对腿部的危害稍微小一些，但我还是能轻易地看出当她的双脚在身体前方触地时她需要不断地调整检查、稳定双脚，最终利用身体核心和非支撑大腿肌肉的主动收缩把另一条腿和身体甩过支撑脚，为下一次触地做准备。她就好像是在利用自己的两条腿进行撑竿跳，费尽力气把身体重量从后面拉到触地腿之前。她的动作没有展现出一点儿人类腿部处于最佳动作时具有的自然特性——弹性。相反，她的每一步动作都很艰难——吃力且耗氧，这无疑在蚕食着跑者的体力。而且，这位跑者的大部分时间都用于触地，而非向前飞奔。

看到这个场景，我非常难受。跑者们显然不知道该怎么做。他们当中很多人身材相当健美（有人认为健壮的身材是跑者成绩的唯一决定因素）。他们能够完成惊人的运动量，有一个俱乐部的成员们甚至能完成 20×400 米的间歇训练。但现在，这些跑者仿佛是在用强劲的、轰鸣着的劳斯莱斯发动机去驱动一辆安装着石制方形轮胎的汽车。他们的心血管和肌肉系统让他们拥有强大的爆发力，但他们的腿部、足部与地面之间的相互作用产生着巨大的力，限制了他们的运动表现。

作为一名教练，我认为基泽体育场的教练们阻碍了这些跑者的进步。毕竟跑步是有正确模式的，而跑步教练的职责之一就是帮助跑者掌握最佳的跑步模式。但目前看来，这些教练就是把跑者扔到跑道上，让他们完成一些惊人的事情，却不给他们提供正确跑步所需的技巧。

这让我非常痛心，因为用错误的模式跑步可不是一件小事。错误的模式明显有损运动表现（无论是比赛还是日常锻炼），而且会降低跑步效率，同时增加受伤的风险，从而极大地降低跑者继续训练和提高成绩的可能性。

另一个使我痛心的原因是，正确的跑步模式其实非常简单而且易于学习。几乎不需要什么器械，只需要在训练中进行正确的练习和使用正确的技术，跑者的跑步模式就可以循序渐进地产生明显的改变。基泽体育场的跑者们原本可以更轻松地跑得更快——只要他们掌握了必要的知识，扔掉沉重的"方形轮胎"，以"圆形轮胎"代之。

奇怪的是，跑步是为数不多的、人们天生所具有的行为中的最佳活动方式之一，因此人们在跑步时无须改变自己的行为。在其他体育项目中，人们需要学习如何游泳，如何打出网球的反手球，如何拦截一个曲线球。但跑步不同，人们可以随心所欲。这意味着普通人也能够以最佳模式跑步，即使其模式可能与高水平的跑者或者体能极佳的跑者不同。虽然这一理论不常被提起，但公认的观点是跑者的跑步模式取决于自身独特的解剖学和生理学特性，因此不应对其跑步模式进行明显的改变。每个跑者的大脑都具有某种能力，明白怎样的步态模式可以让其以最快的速度完成 5 000 米或马拉松，并且将受伤风险降到最低，同时最大限度地提升动作效率。

而错误的模式如此普遍的一个原因是，科学并没有让人们意识到跑步模式可以被矫正，也没有为跑者和教练们提供关于跑步模式的简单、实用的正确建议。例如，在维克森林大学多年前的一项经典研究中，跑者被要求从多个方面改变跑步模式，包括使用脚跟触地方式、在整体步态模式中微屈躯干、在支撑期增大膝关节屈曲度，以及有意识地采用更长的步幅[1]。尽管在为期 5 周的训练课程中，跑者被提供了积极的口头和视觉反馈，但这种"升级"跑步模式并没有带来效率上的提升，或让跑者在跑步过程中感到更轻松。事实上，跑步模式的改变没有带来任何积极的变化。

这一研究结果在意料之中。虽然脚跟触地是跑步中常用的触地方式，并在几十年里被广泛认为是正确跑步模式的关键部分，但脚跟触地的方式会使制动力和冲击力变大（后文会对此进行讲解），因此对提高效率没有帮助。另一项研究也显示，人为增加步幅不会提升效率[2]。而在双脚接触地面时增加膝关节屈曲度只会延长跑步时的触地时间，从而降低步频，增加跑者触地的相对时间比例，而不能让跑者飞速前进。这一区别非常重要，本书后面的章节会进行说明。总的来说，维克森林大学的这一研究存在缺陷，因为该研究最终也没有确定最佳跑步模式的关键。

幸运的是，还有合理的科学研究——哈佛大学的丹尼尔·利伯曼所做的研究工作[3]——能指导我们追寻最佳跑步模式。我与各种不同水平的跑者

（从新手到精英）一起工作所积累的大量经验，也对提供跑步模式方面的指导极为有用。

这些指导不仅仅有助于跑者跑得更顺畅、表现得更好。当使用正确的跑步模式时，跑者会跑得更快、效率更高，同时其受伤的风险也明显降低。我真诚地希望本书的内容能够帮助读者最大限度地优化跑步模式，达成最高水平的跑步目标，获得更好、更有成效的跑步体验。

内容概述

本书共分为 15 章。

第 1 章介绍了对跑步模式的传统认识，描述传统模式概念的不足之处。第 2 章介绍大部分跑者采用的模式并讨论精英跑者和普通跑者在跑步模式上的区别，进而确定有助于精英跑者发挥更高表现水平的模式要素。

第 3 章带您踏上激动人心的探索模式要素的旅程，查明跑步模式的哪些方面对跑者的成功至关重要。在本书中，成功始终被定义为在没有受伤的情况下达成自己作为跑者的目标，而不是达到世界级表现水平所对应的竞赛时间。

第 4 章阐明正确合理的跑步模式如何提高跑者的表现水平并降低损伤风险。第 5 章指导跑者以高效而有益的方法对跑步模式进行评估。您将学习如何在智能手机上轻松下载跑者节拍器等软件，并利用它们以最优的方法评估自己的跑步模式。然后您就可以出发去跑步，为学习优化自己跑步模式的练习做好准备。

第 6 章介绍了如何形成完美的足部触地方式，让每一步更有弹性，减轻传入腿部的冲击震动。第 7 章教您如何优化跑步模式中最重要的因素：双脚触地时胫骨的角度。这一角度决定了跑步时每一步产生的制动力、来自地面的推进力以及该力产生的时间。

第 8 章教您如何缩短支撑时间，以减少每一步的触地时间，从而提高步频（跑步时单位时间内迈出的步数），这是一个关键的跑步模式要素。

第 9 章帮助您在跑步过程中形成轻微前倾的姿势。这一姿势下身体的倾斜度来自脚踝，而非髋部。保持这一姿势，有助于您在每一次脚与地面接触的时候产生向前、向上的强劲的力。

第 10 章讨论关于跑步整体姿势的一些重要问题。第 11 章——本书非常重要的一章——讲述如何整合跑步模式的各个要素，以形成在地面上移动的最好模式。

第 12 章探讨跑步的基础话题：跑鞋及其对跑步模式和损伤风险的影响。您将学到很多关于一般跑鞋的知识，包括它们对跑步模式的不利影响。在下一次购买新的训练鞋或跑鞋的时候，您将成为一位更明智的买家。

第 13 章介绍特殊人群跑步时需要注意的事项，比较女性和男性的跑步模式，探讨不同年龄跑者之间的差别，以及如何让老年人免受错误方法之害。第 14 章介绍改善跑步模式时可以使用的专项力量训练。

第 15 章通过说明如何在整体训练方案中融入跑步模式训练，从而在优化跑步体能的同时优化跑步模式（本书数据截至英文版成稿时）。

本书针对人群

本书针对所有跑者：精英和非精英、男性和女性、年轻人和老年人、有经验的和无经验的。本书对遭受伤痛折磨的跑者很有用，同时书中介绍的技术可以帮助跑者预防各种各样的跑步损伤。本书适用于那些想要跑得更快的跑者，以及只是想通过坚持训练改善身体成分的跑者。

本书原本是针对长跑运动员的，但令人惊奇的是，短跑运动员也在一些章节中找到了对他们有价值的信息。事实证明，长跑运动员和短跑运动员在跑步模式上有很多相似之处。只要训练合理，这两个群体都能够找到优化跑步模式的关键要素，即所谓的黄金比例（您将在第 3 章学到这一比例）。

参考文献

[1] S.P. Messier and J.J. Cirillo, "Effects of a Verbal and Visual Feedback System on Running Technique, Perceived Exertion, and Running Economy in Female Novice Runners,"

Medicine and Science in Sports and Exercise 21, no. 2 (1989), S80.

[2]　"Effect of Stride Length Variation on Oxygen Uptake During Level and Positive Grade Treadmill Running," *Medicine and Science in Sports and Exercise* 18, no. 2 (1986).

[3]　D.E. Lieberman et al., "Foot Strike Patterns and Collision Forces in Habitually Barefoot Versus Shod Runners," *Nature* 463, no. 7280 (2010), 531–535.

目录

资源与支持

配套服务

扫描右侧二维码添加企业微信：

1. 加入体育爱好者交流群。

2. 不定期获取更多图书、课程、讲座等知识服务产品信息，
以及参与直播互动、在线答疑和与专业导师直接对话的机会。

第一部分

为什么模式
很重要

第1章

对跑步模式的传统认识

跑步模式相当主观。至少人们对跑步模式的传统认识是这样的。为了使动作完美，游泳运动员要练习划水，网球运动员要花数小时练习正确的步法和挥拍动作，高尔夫球手要不停地努力调整挥杆方式，但跑者，通常只需要跑步即可。人们普遍认为跑步是一项基础运动，不需要什么指导手册。跑者倾向于像呼吸一样自然地跑，而不过多地思考、计划或练习协调的步态。根据通常的观点，每一个跑者都在训练中自然地优化了自己的跑步模式，而在此过程中形成的步态模式涉及跑者自身独特的解剖学和神经肌肉特性的功能。模仿其他跑者的方法，或者更确切地说，从教练或者教科书那里学习跑步模式被视为危险的行为，因为这可能不符合一个人自身的功能性，甚至会造成身体受伤。

这一普遍流行的观念其实不合逻辑，而且已经被事实推翻。毕竟跑步由重复性动作组成，所有的跑者都在重复一个动作[1]。当跑步速度提升时，几乎所有跑者都会在步态中的摆腿和扫腿阶段（一条腿离开地面向前摆动，然后在下一次接触地面之前向后摆动）增大膝关节的屈曲度。很多跑者会在下坡奔跑的摆腿过程中减小膝关节的屈曲度，而在急速上坡时增大膝关节的屈曲度。摆腿期间，所有跑者都会激活腘绳肌来控制腿部的向前动作。当跑者向前移动时，每只脚在地面上和空中划过的轨迹都呈"四季豆"形，这一轨迹被称为"运动曲线"或一个步幅内脚与腿的路径（图1.1）。

跑步的基本机制和神经肌肉模式并不特殊，因此每个跑者是否能够形成自己的最佳步态模式很值得怀疑。除了步行以外，再没有其他人类活动像跑步一样，能够不经指导和学习就得到最佳的提升。质疑者可能会问，当跑者形成自己的跑步风格时，怎样才算"最佳"。首先，形成独特的最佳跑步模式肯定无法预防跑步对跑者造成的身体伤害，因为每年有 90% 的跑者都会受伤[2]。其次，形成独特的最佳跑步模式后运动效率也不高，因为研究揭示特定类型的训练会改变跑步模式，进而提升效率。

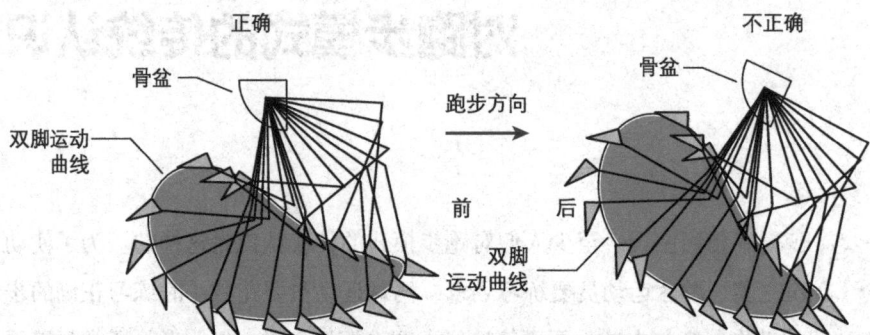

图 1.1　每只脚在地面上和空中划过的轨迹都呈"四季豆"形

使用"方形轮胎"奔跑

　　所有跑者都会自然形成自己独特的最佳跑步模式——这种观念带来的不幸结果是大部分跑者没有把足够的时间用于改进他们的模式。毕竟跑步模式已经最优了，为什么还要去尝试改变呢？认真的跑者会花很多时间制订有挑战性的训练计划，以改善影响运动表现水平的关键变量，如最大耗氧量、乳酸阈、抗疲劳度和最大跑步速度。然而，他们却忽略了自身的步态模式，没有掌握提升步态质量的策略。这通常导致跑者们开发出了强大的"机器"——强壮的心脏能将大量富含氧气的血液输送到腿部肌肉，这些反应肌肉也具有很强的氧化能力。但跑者们通过这些"机器"却很少能取得最好的表现，因为他们的腿部没有与地面形成最佳的相互作用（也就是说，腿部运动方式并非最佳）。这就好比一辆汽车内部配备了劳斯莱斯发动机，但外部却安装着石制的方形轮胎。

美观的跑者

另一种传统观念认为，一个跑者跑步时的外观是跑步模式的关键所在。通常不鼓励跑者在跑步时产生紧张而痛苦的表情及晃动头部。

上身的扭转和手臂动作过多通常不被允许，就好像上身动作是正确跑步模式的关键决定性因素。根据常识，跑步应该是一种流畅和有节奏的运动，正确的模式应该能够使跑者避免颠簸和推拉。

正确的模式难道不应该比流畅的动作和控制身体更重要吗？难道不应该通过精准、科学的关节和腿部角度、肢体姿势与动作、足部与地面初次接触时的踝关节角度等数据（而非诸如膝盖抬高、放松膝盖、脚踝保持弹性等模糊的指令）去准确地描述双脚、脚踝和腿部应如何工作吗？毕竟向前的动力来自腿部而非上身——在正确的模式下跑者应该能产生更好、更快、更高效且不易受伤的动作。重要的是明确定义下身应该做什么（通过确切的数据，而不是仅使用词语），而这本书正要做这件事。

跑步模式和跑步效率

传统的模式研究主要集中于动作的效率。动物研究表明，动物通常会使用最节省能量的方式移动。乍一看，关于人类跑步效率和模式的研究好像也印证了跑步模式"个性化"的观点（该观点认为每个人都会形成适合自己的跑步模式）。有一些研究确实建议跑者自然地形成自己最佳的步幅，而步幅是跑步模式的一个关键因素。一项调查发现，通常情况下，跑者的自然步幅只有 1 米，这一数字与最高效的跑步步幅相去甚远[3]。

为了理解这类研究，必须注意到跑步效率是基于跑步时的耗氧量来定义的。如果两个跑者以相同的速度移动，则耗氧量（以每分钟每千克体重的氧消耗量来衡量）较少的那个人效率较高。效率是表现水平的一个预测指标。在任何速度下，与有氧能力相近的低效率跑者相比，高效率跑者跑步时的耗氧量与其最大耗氧量的比率较低，付出的努力也较小。既然跑步期间腿部动作消耗了氧气，那么合理的假设是，提升效率就是改善模式的一个基本目标。换言之，模式的转变应当是有意识地重新形成最佳腿部动作，从而提升效率。

在另一个研究中，当跑者相对少量地增大或减小步幅时，跑步的效率的确会降低[4]。因此，跑者的最佳步幅是否有可能是训练的自然结果，而不需要对其进行针对性的步幅指导呢？而且，如果他们能够自行优化步幅，岂不是步态的其他方面也能自行优化？既然自然形成的模式适合身体，这不就意味着跑者应该避免对自己原有的模式进行调整吗？

简单来讲，答案是否定的。这些关于步幅和效率的研究存在深层的方法论缺陷。当一个跑者改变跑步模式时，经过几周的时间，跑步效率就会逐渐提升。跑步模式改变后的短时状况并不能展示出这一模式的改变对跑者效率产生的最终影响。这些研究持续的时间太短，实际上并不能支持跑者能自行优化步幅的观点。作为跑步"自身具有"理论进一步的反驳观点，有研究显示，跑步模式的显著改变能够明显地提高跑步效率[5]。

量化正确的跑步模式

请记住，90% ～ 95% 的跑者都是用脚跟触地的[6,7]，即跑步时脚跟最先着地。正如本书将要证明的，脚跟触地并不是跑步的最佳模式，这出于各种不同的原因，涉及这种触地方式对表现水平的影响及对损伤风险的影响。正确的跑步模式是存在的——几乎适用于所有跑者——而且我们没有理由相信每个个体都具有自身的最佳模式。正如我们将会看到的，一些跑者具有很好的跑步模式，而其他跑者还相距甚远。

请关注数字

关于跑步模式的传统观念的一个关键问题在于，完全没有对模式进行量化。传统上关于模式的建议都采用一般性的陈述，而没有明确地规定身体应该如何调整。例如，要让一个跑者采用正确的模式，通常会要求其保持小幅快速的步伐，但却不具体说明每步的长度或步频（每分钟的步数），而且也不会确切说明跑者应当怎样把拖沓的步子变得轻快。因此，形成最佳模式的高效练习一直以来都供不应求（本书将会弥补这一缺陷）。

举一个模式缺乏量化的例子，大卫·E.马丁（David E. Martin）和彼得·N.科（Peter N. Coe）在他们的著作《训练长跑运动员》（*Training Distance*

Runners）中，提出了很多有利于优化跑步模式的要素，包括头部保持平衡和身体保持垂直姿势[8]。根据马丁和科的观点，跑者的双脚应当平行向前（足尖指向前方），双臂要自然抬起，不要弓腰驼背，双肩在髋部正上方，手肘靠近身体，双手放松，手指略微弯曲。这些表述都很模糊。头部怎样才算"平衡"？双臂姿势如何才是"自然"的？他们没有对这些要求进行量化，甚至没有强调模式的关键要素，包括不同步态阶段中双脚和腿部关节的角度。正像跑步力量训练和跑步方式专家沃尔特·雷诺兹[9]所指出的，在给出恰当的建议之前，首先必须回答以下问题。

- 双脚应当怎样触地？脚跟触地、全脚掌触地和前脚掌触地，哪一种最优？
- 与地面初次接触时，相对于身体重心，双脚应当处于什么位置？
- 触地时，腿部与地面的角度应当是多少？
- 跑步时什么节奏最好？
- 一个步态周期中摆腿和扫腿多少次最佳？

当一个跑者想要通过遵循这些对头部、肩部、双臂和双手等的模糊的、非量化的建议来形成更好的跑步模式时，简直就像在微积分测试前通过背诵乘法表来临时抱佛脚一样。

在《比尔·鲍尔曼的田径高水平运动表现训练》（Bill Bowerman's High Performance Training for Track and Field）这本书中，作者比尔·鲍尔曼（Bill Bowerman）教练和比尔·弗里曼（Bill Freeman）教练使用传统的非量化的方法描述正确的跑步模式，要求跑步时使用直立的姿势，背部与地面垂直，髋关节屈曲，身体微微向前倾斜或不倾斜[10]。比尔·鲍尔曼和比尔·弗里曼还提出了以下建议。

- 双手从髋部上部摆动到身体的中间部位（沿弧线摆动）。
- 使用快、轻、短的步伐，让腿部轻松摆动。
- 平脚掌（全脚掌）或脚跟触地，这样"最舒适"。

这种泛泛的建议，很难让跑者掌握具体动作，或理解如何进行合适的模式练习，来形成优秀的跑步模式。

考虑功能之前先考虑跑步模式

网上有几百篇文章提供跑步模式建议，它们时常相互矛盾，也没有任何科学依据支持文中让人眼花缭乱的理论。例如，2014 年 Runner's World 网站上的一篇文章建议："无论是脚跟先触地，还是前脚掌先触地，都无关紧要，只要双脚触地时没有超过膝盖就好。"[11] 这一建议的科学依据或经验依据无人知晓。已经有研究表明，脚跟触地和前脚掌触地会产生明显不同的冲击力并与脚踝和小腿肌肉的运动负荷大有关联。很难想象跑步时，跑者在冲击力下能够有意识地将双脚保持在膝盖以下——并且脚跟要首先触地。

畅销书《丹尼尔斯经典跑步训练法》（*Daniels' Running Formula*）中，传奇教练杰克·丹尼尔斯（Jack Daniels）用了将近两页内容来说明跑步技术或模式[12]。在名为"双脚触地"的章节中，丹尼尔斯认为全脚掌触地方式和脚跟触地方式相比，没有任何优势。他建议，如果跑者使用脚跟触地方式，应该想象自己在触地后身体是在双脚上滚动着向前进[13]。很难想象跑者用脚跟触地后还能做些什么，因为抬起脚跟向后滚动或向前跳都不可取。丹尼尔斯还建议跑者在跑步时想象踩在一片满是生鸡蛋的地面上，要避免弄破任何一个鸡蛋[14]。实在难以想象一位跑者如何采用这种策略提升向前的动力和跑步速度，尤其是现代研究表明，跑步速度是垂直于地面的反作用力的直接结果，垂直力越大，跑步速度越快[15]。巨大的垂直力将把所有"生鸡蛋"都弄破了！

准确定义正确跑步模式的要素

学术界未能给跑者和教练提供可靠、实用的跑步模式建议。1989 年，在一个为期 5 周的经典研究中[16]，维克森林大学的研究者使用视频和口头反馈，通过各种看似积极的跑步模式的改变指导 11 名跑者，改变的内容如下。

- 轻微增大步幅。
- 轻微减少触地时间。
- 增大支撑后期踝关节跖屈度。
- 增大摆腿期间膝关节屈曲度。
- 增大触地时膝关节屈曲度。
- 向前移动时轻微弯曲身体。
- 手臂摆动期间前臂和上臂保持 90 度夹角。
- 脚跟触地（而非使用全脚掌或前脚掌触地）。

5 周时间结束后，这些跑者没有体验到任何跑步效率方面的提高。5 周应该足以使效率发生改变，是哪里出错了？这很可能是因为提倡脚跟触地并不是个好主意，因为少有可信的证据表明，脚跟触地能让跑者冲击地面时获得更高的效率。但这个研究的主要问题在于没有帮助跑者改善（甚至确定）跑步模式的关键要素，包括触地时的腿部角度、足部触地的位置及与地面的角度，以及整个步态周期中扫腿和摆腿的动作。扫腿是小腿在双脚触地之前的瞬间做出的"刨"的动作。摆腿是腿部向前的动作，开始于脚趾离地后，结束于腿部相对于身体的向前运动停止时——与此同时，扫腿动作开始。

这并不令人意外。传统上，正确的跑步模式的关键要素无法被系统地确定。如前所述，模式练习通常被视为一种美学的练习，仿佛"外表美观"也是调整模式的首要目的。人们因为著名跑步运动员扎托佩克不同寻常的上身运动方式而认定他的跑步模式不正确，但是，关注上身并以此评判模式是否正确，就好像医生通过检查牙齿来判断双脚有什么问题。扎托佩克的腿部和足部与地面相互作用的方式非常积极，但在对他的跑步模式的研究中却从来没有提及这一点。

对跑步模式的讨论应当基于功能、跑步效率、损伤风险和表现水平，而传统的审美分析恰恰忽略了这些方面。模式的关键要素必须是腿部、脚踝和足部与地面相互作用的方式。推动力的产生和跑者身体对诱发损伤的冲击力的控制，正来自这些相互作用。这些相互作用应当被量化，并且应当将其与最佳表现水平、提高跑步效率和尽可能降低受伤风险相联系。

跑者的跑步模式千差万别。1992 年的一项研究调查了一批能力相近的优秀女性长跑运动员的各项生物学变量，发现这些运动员存在大量差异[17]。例如这批运动员的"支撑时间"或者说跑步时单脚触地总时长平均为 180 毫秒，但每个个体的这一数值在 167 ~ 193 毫秒。正像本书将要展示的，支撑时间是跑步模式的要素之一，因为它决定了步频，进而影响跑步速度。而支撑时间取决于双脚触地方式（前脚掌、全脚掌或脚跟触地）、胫骨角度（双脚触地时下肢下半部分的角度——从膝盖到双脚）、触地时双脚与身体重心的相对位置及腿部的硬度等模式要素。一位有竞争力的跑者应当调整自己的跑步模式，使跑步时产生的推进力和支撑阶段触地时间的比率最大化。人们一般都会寻求更强的推进力和更短的触地时间，他们认为这才是正确跑步模式的特征。支撑阶段的触地时间长短和推进力的大小都受到跑步模式的强烈影响，这一点第 8 章会进行解释。

转变跑步模式

很明显，特定的训练模式可以对跑步模式的优化产生积极的影响。莱纳·帕沃莱宁等人在奥林匹克运动 KIHU 研究所和于韦斯屈莱大学进行了一次深入的研究，发现爆发性训练对跑步模式的关键要素有重大影响，进而影响长跑的表现水平[18]。这项研究已然成为经典，但经常被人们忽视。

在这项开创性的研究中，经验丰富的跑者改变了训练计划，在 9 周的时间内用爆发性训练和高速训练取代中速训练。爆发性训练包括冲刺跑（5 ~ 10 次，每次 20 ~ 100 米）、无负重和肩负杠铃的跳跃练习（两腿交替跳、双向跳、向下跳和障碍跳，以及单腿五次跳）、极小负重的腿推举和膝屈伸练习，以及高速或最大速度练习。这一研究的关键训练方法将在第 8 章加以说明。

9 周之后，这些跑者每一步的触地时间减少了约 7%，步幅没有任何减小。这个跑步模式的关键改变将另一个模式要素——步频，提升了约 3.5%。进行 5 000 米跑时，在不缩小步幅的前提下，每分钟的步数增加意味着这些跑者在 5 000 米赛跑中能跑得更快。事实上，他们的 5 000 米跑步时间平均减少了 30 秒。这一显著提升没有伴随最大耗氧量或乳酸阈速度的提高，但是效率提高了。总而言之，这个研究证明了适当的训练可以明显地改变跑步模式，进而提高效率，让 5 000 米跑的用时更短。

这个研究还表明，这些有经验的跑者虽然经过多年训练，但是（在该研究之前）仍没有使自己的跑步模式达到最优。在帕沃莱宁和她的同事们的指导下，这些跑者的跑步模式在 9 周的时间内获得了明显的改变，这些改变与效率的提升和 5 000 米跑成绩提高密切相关，并且不会增加损伤的风险。很明显，这是正确的跑步模式。这些跑者原本未获得最佳的跑步模式，通过适宜的训练，他们的跑步技术才有所提升。本书将提供关于改善跑步模式的训练技术的全面指导。

总　结

关于跑步模式的传统观念着重关注跑步时的身体外观，而不重视如何改变身体发力部位的运动模式，而后者对效率、表现水平和损伤风险有重大影响。另一个长久以来的普遍观念认为，跑者可以自然形成适合自己的最佳跑步模式，因此不需要学习怎样改进跑步模式。这些观念阻碍了人们对最佳跑步模式的正确理解。幸运的是，现在有大量的科学信息可用于指导跑者转变他们的跑步模式。很明显，跑步模式的转变——对发力、跑步效率、表现水平和损伤风险等方面都有积极的影响，而这正是我们所期望的。本书将对这些跑步模式的转变进行概括说明。

参考文献

［1］ M.J. Milliron and P.R. Cavanagh, "Sagittal Plane Kinematics of the Lower Extremity During Distance Running," In *Biomechanics of Distance Running*, ed.P.R. Cavanagh （Champaign, IL: Human Kinetics, 1990）, 65–106.

［2］ I.S. Davis, B.J. Bowser, and D.R. Mullineaux, "Greater Vertical Impact Loading in Female Runners With Medically Diagnosed Injuries: A Prospective Investigation," *British Journal of Sports Medicine*, 2015.

［3］ P.R. Cavanagh and K.R. Williams, "The Effect of Stride Length Variation on Oxygen Uptake During Distance Running," *Medicine & Science in Sports & Exercise* 14, no. 1 （1982）: 30–35.

[4] L.D. Heinert et al., "Effect of Stride Length Variation on Oxygen Uptake During Level and Positive Grade Treadmill Running,"*Medicine & Science in Sports & Exercise* 18, no. 2（1986）, 225–230.

[5] O. Anderson, *Running Science*（Champaign, IL: Human Kinetics, 2013）, 323.

[6] P. Larson et al., "Foot Strike Patterns of Recreational and Sub-Elite Runners in a Long-Distance Road Race," *Journal of Sports Science* 29（2011）: 1665–1673.

[7] H. Hasegawa, T. Yamauchi, and W.J. Kraemer, "Foot Strike Patterns of Runners at 15-km Point During an Elite-Level Half Marathon," *Journal of Strength and Conditioning Research* 21（2007）: 888–893.

[8] D.E. Martin and P.N. Coe, *Training Distance Runners*（Champaign, IL: Leisure Press, 1991）, 15–18.

[9] Walter Reynolds, interview, April 7, 2016.

[10] W.J. Bowerman and W.H. Freeman, *High-Performance Training for Track and Field*（Champaign, IL: Leisure Press, 1991）, 88–90.

[11] J. Allen, "Proper Running Form,"（September 28, 2014）.

[12] J. Daniels, *Daniels' Running Formula*（Third Edition）（Champaign, IL: Human Kinetics, 2014）, 27–28.

[13] Ibid, p. 28.

[14] Ibid.

[15] K.P. Clark et al., "Are Running Speeds Maximized With Simple-Spring Stance Mechanics," Journal of Applied Physiology 117, no. 5（1985）, 604-615.

[16] S.P. Messier and K.J. Cirillo, "Effects of a Verbal and Visual Feedback System on Running Technique, Perceived Exertion, and Running Economy in Female Novice Runners," *Medicine and Science in Sports and Exercise* 21, no. 2（1989）: S80.

[17] K.R. Williams, "Biomechanics of Distance Running," *Current Issues in Biomechanics*, ed. M.D. Grabiner（Champaign, IL: Human Kinetics）, 3–31.

[18] L. Paavolainen et al., "Explosive Strength Training Improves 5-Km Running Time by Improving Running Economy and Muscle Power," *Journal of Applied Physiology* 86, no. 5（1999）: 1527–1533.

第 2 章

普通跑者和精英跑者的比较

普通的长跑运动员采用的跑步模式和动画片《摩登原始人》中的弗雷德·弗林特斯通（Fred Flintstone）在他石器时代的汽车里踩刹车的方式一样。弗雷德在移动双脚时不扫腿，只是简单把腿伸直，脚跟触地。确实，大部分长跑运动员不会在双脚触地的时候像弗雷德那样大喊，但当他们试图在地面上向前奔跑的时候，许多人都模仿了弗雷德刹车行为模式的解剖学和神经肌肉原理。特别是他们在触地的时候，腿部基本是伸直的，膝关节几乎完全伸展（从腰部到脚踝成一条直线）。他们也是脚跟先触地，基本不向后扫腿，脚稳稳地落在身体前方（图 2.1）。毫无疑问，弗雷德也采用了这种直腿加脚跟触地的方式，因为他知道这样可以产生最大的制动力，是让汽车立刻停止的好办法。普通跑者一般使用弗雷德的模式，因为他们不知道更好的模式是怎样的，而且他们的跑步模式完全被现代跑鞋毁坏了。

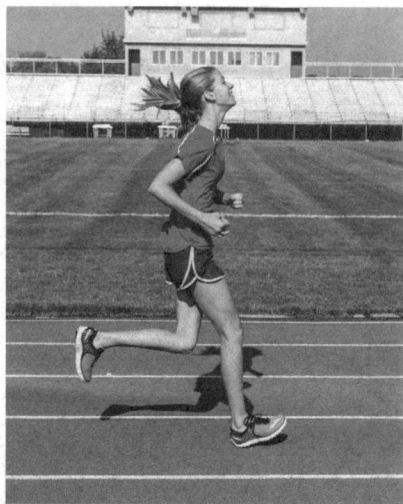

图 2.1　大部分跑者跑步时用脚跟触地，腿部基本伸直

普通跑步模式

如果你怀疑脚跟触地的方式是否真的如此普遍，请看一项在巴西圣保罗进行的有 514 名业余跑者参与的研究。在这项研究中，高速摄像机拍下了跑者在跑步期间双脚触地的方式（图 2.2）[1]。研究人员发现，95% 的跑者采用脚跟触地的方式，而非全脚掌或前脚掌触地。514 名跑者中仅有 21 人（约 4%）采用全脚掌触地的方式，4 人（不到 1%）采用前脚掌触地的方式。

另一项在新罕布什尔州曼彻斯特进行的研究，有 936 名马拉松和半程马拉松运动员参加。该研究发现，88.9% 的受试者用脚跟触地，3.4% 用全脚掌触地，1.8% 用前脚掌触地，而 5.9% "双脚触地不对称"，也就是左脚和右脚分别用不同的方式触地[2]。双脚触地不对称虽然听起来很怪，但在现实中是比较常见的。在跑步模式的其他重要方面，很多跑者的左右腿都有很大的不同，包

图 2.2　a. 脚跟触地；b. 全脚掌触地；c. 前脚掌触地

括初次触地时双腿的角度及两次触地之间摆腿和扫腿的角度（稍后将对扫腿和摆腿进行详细的介绍）。

在新罕布什尔州曼彻斯特的研究还有另一个奇妙的发现：跑步模式与跑者的疲劳程度之间存在联系。研究人员在马拉松中的 10 千米处和 32 千米处观察了 286 名马拉松运动员。与 10 千米处相比，采用脚跟触地方式的运动员在 32 千米处的步频有所提高，这毫无疑问与运动员在马拉松后期的疲惫不堪及肌肉、肌腱和骨骼的不适感加剧有关，也反映了随着比赛的进行，运动员的腿部弹性和能量恢复能力的丧失。马拉松运动员在赛程后期都倾向于依赖鞋子来增强缓冲、恢复能量和缓解不适，因为他们的肌肉和肌腱这时已经非常疲惫，几乎不能发挥保护的作用。这样做的结果是跑者自然地倾向于采用脚跟触地的方式，这样可以使鞋底夹层发挥最大的缓冲作用。

这种跑步模式的改变是可以理解的。当你的腿部或双脚感到疲软时，很自然地会想要落在柔软的物体上，而不是落在硬邦邦的东西上。然而事实是，相比于全脚掌触地，脚跟触地并不会减小冲击力。事实上，与全脚掌触地相比，采用脚跟触地方式时的峰值负载率（初次触地后冲击力增加的速率）更大，即使脚跟触地者穿着鞋底加厚的"战靴"，而全脚掌触地者赤足跑步，双脚没有任何外在的缓冲保护（图 2.3）。当然，这听起来令人很吃惊，但其实赤足跑者有自然机制的缓冲保护，包括触地后肌肉、肌腱、韧带和关节的动作。跑者有时会忘记，他们的下肢无须被视为虚弱而易受伤的部位，也并非必须由外部设备（如跑鞋）进行保护。只要模式正确，他们的腿部本身就是极好的减震结构。

对参与密尔沃基湖畔马拉松赛的 1 991 名跑者的独立研究发现，1 865 名（约 93.7%）跑者采用脚跟触地的方式[3]。有趣的是，在这一研究中脚跟触地方式与运动表现水平有关：在马拉松比赛中速度更快的跑者几乎都不

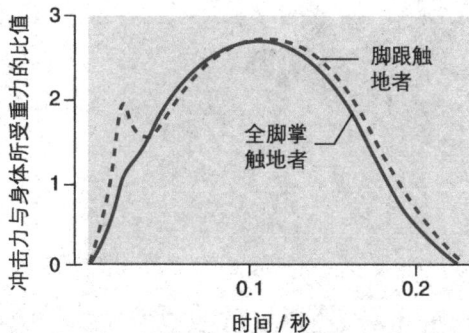

图 2.3　冲击力初始负载率高的脚跟触地和冲击力初始负载率低的全脚掌触地的比较

采用脚跟触地的方式，而是更倾向于采用全脚掌触地的方式。在触地方式上，男性和女性跑者没有体现出性别差异：比赛中的男性和女性跑者都更愿意采用脚跟触地的方式（图 2.4）。

在日本有一项著名的半程马拉松研究，参与人数达到 415 人。研究人员再一次发现了人们对脚跟触地的偏好，还发现了脚跟触地方式和结束时间的相关程度相当高[4]。在这项研究中，"仅有" 74.9% 的运动员采用脚跟触地的方式，采用全脚掌触地方式的运动员的比例达到 23.7%，这一数字让人略感欣慰。然而，这项研究中脚跟触地者的比例较低是因为这些运动员中包含了精英级的运动员（包括奥运选手）。在这次比赛的前 69 名中，36% 的运动员采用全脚掌触地的方式——这一数字是非精英级运动员比赛中全脚掌触地者所占比例的七倍。

在日本的这项研究中，脚跟触地者的平均触地时间明显多于全脚掌触地者。脚跟触地者平均每步的触地时间为 200 毫秒，而全脚掌和前脚掌触地者的这一时间仅为 183 毫秒。

从后两项研究可以清楚地发现，脚跟触地方式是显著影响跑步速度的关键

图 2.4　男性和女性跑者都倾向于采用脚跟触地的方式

因素：全脚掌触地者比脚跟触地者跑得更快。其中一个原因是高水平的跑者可能意识到了脚跟触地方式——通常会导致更强的制动力和更长的触地时间——对奔跑有减速作用。另一个原因是触地时间本身与跑步速度密切相关，因为较短的触地时间能直接导致更高的步频。对于一个跑者来说，最大速度是步频和步幅的最优组合。跑步速度 = 步频 × 步幅。步频越高，跑步速度越快（前提是步频的提高不会使步幅缩小）。因此，全脚掌触地的方式、较短的触地时间都与跑步速度的提升密切相关。

从运动表现的角度来看，目前能够轻易地发现，之前讨论的普遍跑步模式——直腿落地并伴随双脚在身体前方落地及脚跟触地——不是最佳模式。直腿落地只会产生向上和向后的力，而不是向前的力。使用这种模式的跑者，在步态中产生初始力量和速度的关键阶段（触地阶段），会将自己用力向上和向后推，而不是向前推（图 2.5）。

脚跟触地还会延长跑步中的支撑（触地）时间，从而影响表现水平。日本的一项研究发现，脚跟触地者和前脚掌触地者每一步的触地时间差为 17 毫秒——这会对表现水平产生深远的影响。请记住，从脚的角度来看，跑者只有在步态的腾空阶段才会向前运动；而支撑阶段，跑者是固定在地面上，无法向前移动的。事实上，让跑者速度更快的关键在于优化步态的分割，使跑者停在地面上的时间更少，而腾空向前的时间相对更多。这种跑步模式对脚跟触地者来说更困难，因为相比于全脚掌触地者，他们每一步都需要更长的时间来使自己固定在地面上。

事实上，这一时间长度还可能增加。例如，一位脚跟触地者用 18 分 36 秒跑完 5 000 米，其步频为每分钟 170 步。与全脚掌触地者相比，他的每一步都必须在地面上多耗费 17 毫秒。乍一看，这个时间损失好像非常小。但计算一下就会发

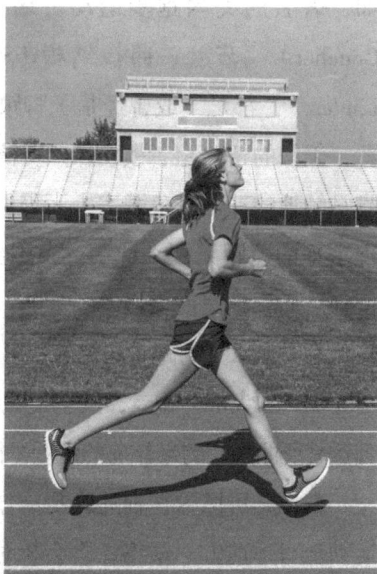

图 2.5　**脚跟触地产生的力将跑者向上、向后推，而不是向前推**

现，跑完整个 5 000 米，这名跑者的步数为 3 162 步，则他有约 53.8 秒的时间"粘"在地面上。如果在其他条件相同的情况下，他选择全脚掌触地方式，那么他可以以约 17 分 42.2 秒的成绩跑完 5 000 米。

肯尼亚精英跑者的跑步模式

不是所有的肯尼亚精英跑者都采用最优的跑步模式，但肯尼亚精英跑者和其他非精英跑者的跑步模式对比相当明显。肯尼亚精英跑者更倾向于屈膝落地而不是直腿落地，双脚落地时更靠近身体重心的位置，而非髋部和躯干前方（他们的每一步都有明显的扫腿动作，以使双脚在触地时更靠近身体）。另外，肯尼亚精英长跑运动员倾向于采用全脚掌触地而非脚跟触地方式。

对 2016 年内罗毕举行的肯尼亚全国越野锦标赛进行的一次非正式研究发现，超过 80% 的跑者采用全脚掌触地方式跑步（相比而言，非肯尼亚跑者和非精英跑者的这一比例为 4%～5%，日本的非肯尼亚精英跑者的这一比例为 36%）[5]。

与肯尼亚精英跑者相反，美国精英跑者更多采用脚跟触地的方式。例如，著名的美国跑步运动员瑞安·霍尔（Ryan Hall）、卡拉·古彻（Kara Goucher）、莎兰·弗拉纳根（Shalane Flanagan）及德西蕾·林登（Desiree Linden），都是（或曾经是）脚跟触地者。毫不意外，相比于肯尼亚的精英跑者，美国的精英跑者损伤风险更高。记住，脚跟触地的冲击力负载率远高于全脚掌触地的冲击力负载率，而峰值负载率是预测跑步损伤的关键指标。关于表现水平的差距无须在此赘述，但要记住脚跟触地会使触地时间更长、步频更低，从而导致速度变慢。

与一般水平的跑者相比，肯尼亚精英跑者跑步时的扫腿（也称前摆）动作也更完美。与大部分跑者，甚至是美国精英跑者相比，肯尼亚精英跑者的双脚一旦到达其所能触及的最靠前的位置，往往会更加剧烈地向后扫腿[6]（图 2.6）。

现在，可以这样描述扫腿动作：当跑者运动时，其在空中摆动的腿和脚会运动至身体前方。最终，脚会相对身体停止向前运动，并在稳定后开始向后、向下方运动以与地面接触。双脚在最前方的位置被称为"静止点"[7]。

从静止点出发，跑者的双脚只能去往一个方向：触地。从本质上来讲，双脚应当从静止点开始向后、向下摆动，然后与地面接触。幸运的是，从改进方法的角度来看，这种扫腿动作可以量化。简单来说，就是小腿向前摆动期间胫骨或小腿与垂直线形成的最大角度和足部初次触地时胫骨与垂直线形成的角度（图 2.6），这两个角度之间的差就叫作"扫腿角度（sweep）"。

注：REC 为录像，REDO 为重放，UNDO 为撤销，CLEAR 为清除，SLO-MO 为慢速。
图 2.6　在 8 000 米比赛中，肯尼亚精英运动员卡伦·麦友（Caren Maiyo）的相关数据：a.MSA 为 15 度；b.SAT 为 3 度。其 ROS 为 12 度，ROS/MSA 为 0.80，属于"黄金比例"，是肯尼亚精英跑者的典型数据。相反，大部分美国精英长跑运动员的 ROS/MSA 小于 0.50，属于"生锈比例"（关于 MSA、SAT 和 ROS 的详细介绍，请参阅第 31 ～ 33 页）

普通跑者慢跑中扫腿时的 MSA 通常为 18 ～ 22 度（图 2.7），而肯尼亚精英马拉松选手扫腿时的 MSA 通常为 14 度[8]。（请记住，肯尼亚精英跑者之间也存在很大的差异。）这对普通的跑者来说听起来不错，对吧？采用这种跑步模式的普通跑者不是比肯尼亚精英跑者的步幅更长，跨越地面距离更长吗？肯尼亚精英跑者如果把步子迈得更大，不是能跑得更快吗？

不幸的是，普通跑者足部初次触地时，胫骨角度为 15 ～ 16 度[9]。这 2 ～ 3 度的扫腿角度太小（记住，扫腿通常以 18 度的 MSA 开始），使双脚

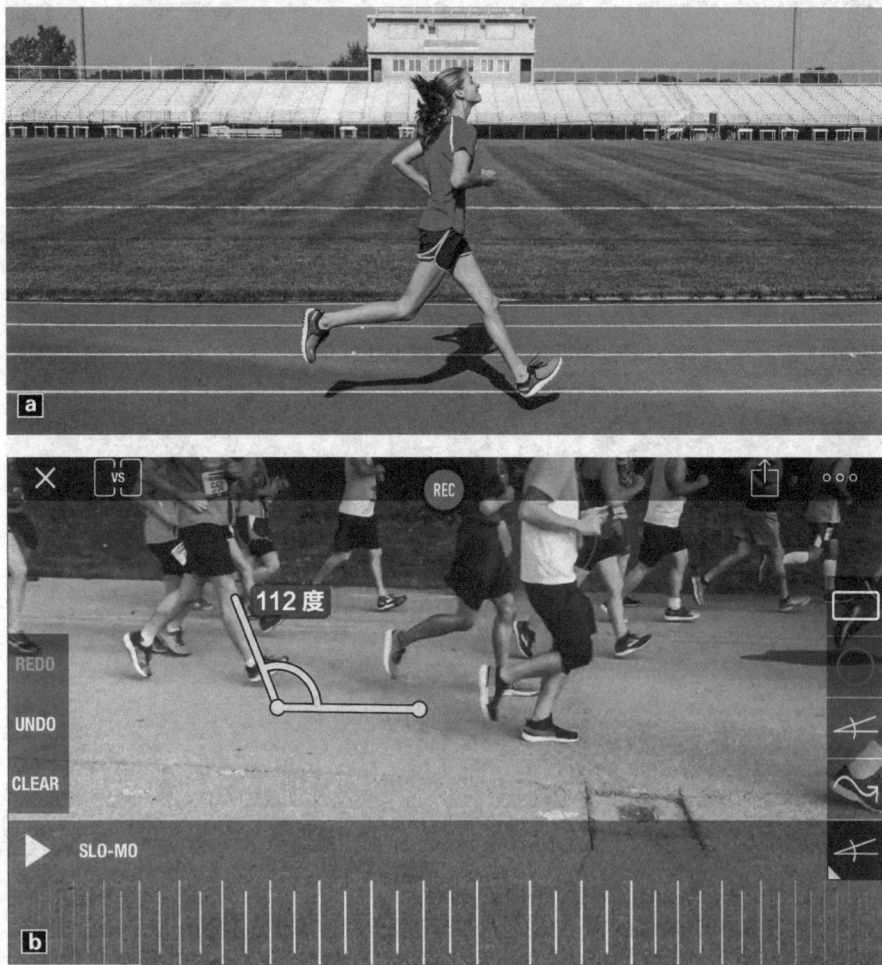

注：REC 为录像，REDO 为重放，UNDO 为撤销，CLEAR 为清除，SLO-MO 为慢速。
图 2.7　a. 普通跑者的跨步动作；b. 普通跑者即使在慢跑时，MSA 通常也高达 22 度（112 度 - 90 度 = 22 度）

几乎无法向前加速。请记住，施加于地面的力及由此产生的推进动作取决于双脚触地时产生的速度。而 2 ～ 3 度的扫腿角度不能产生较快的速度，无法让双腿高速运动。

相比之下，肯尼亚精英跑者的扫腿角度约为 8 度。虽然精英跑者之间也有很大的差异，但肯尼亚精英跑者的扫腿一般始于 14 度的 MSA，并以 6 度或更小角度的 SAT 触地[10]。在更长的扫腿过程中，其双脚能够产生更快的速度，并让地面形成更强大的反作用力，从而产生强大的推进力（图 2.8）。

不要忘记，足部与地面接触时产生的制动力同样取决于胫骨角度：胫骨角度越大，制动力越大。在试图提高跑步速度或提升表现水平时，频繁的"弗林特斯通制动"并不是一个理想的选择。因此，大部分普通跑者采用的跑步模式（较大的 MSA、小幅扫腿、双脚在身体前方较远处触地）会导致制动力增大、速度变慢，而肯尼亚精英跑者采用的跑步模式（更大幅度的扫腿、双脚在靠近身体的位置触地）则会产生更大的推进力和更快的速度。

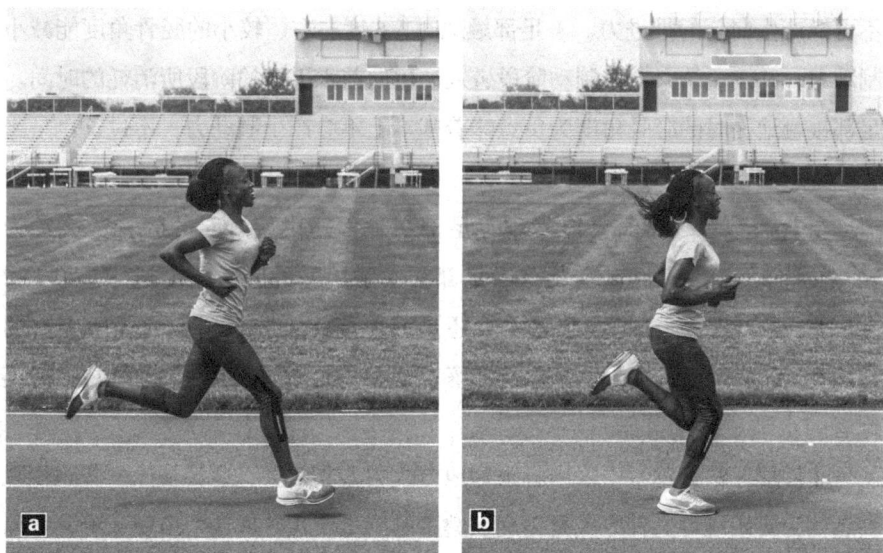

图 2.8　肯尼亚精英跑者在向前摆腿后，双脚回到地面，然后爆发性地向后扫，而不只是让双脚落到地面上，这个动作非常好

肯尼亚精英跑者的步频

相比于普通跑者，肯尼亚精英跑者的步频更高，或者说每分钟的步数更多。研究和实地观察发现，普通跑者虽然跑步速度不同，但步频约为每分钟160步[11]。相比之下，肯尼亚精英跑者（和水平较一般的精英跑者）的步频为每分钟180～200步[12]。

这种差异的影响显而易见。如上所述，跑步速度是步频和步幅的综合结果，正如公式所表现的那样：速度 = 步频 × 步幅。通过优化步频与步幅的组合，可以获得最大速度，而该速度与表现水平直接相关。任何阻碍提高步频的动作，例如脚跟触地、双脚在身体前方较远处落地，都会妨碍跑步速度的提高，从而影响表现水平。

重要的是，肯尼亚精英跑者与普通跑者的SAT也明显不同。记住，所有跑者的胫骨角度都不尽相同。足部与地面接触时，16～18度甚至更大的SAT会产生强大、持久的制动力。这会在一开始就产生向上、向后的力，并需要耗费时间使双脚相对身体移动，产生水平向前的推进力。（双脚在身体前方时，不可能产生向前的推进力。）足部触地时，6度左右、较小的胫骨角度能减小制动力，并缩短结束支撑制动阶段进入产生向前水平力的阶段所消耗的时间。足部接触地面时的胫骨角度为负意味着基本上不会产生制动力，不过这也是跑者即将脸向下摔倒在地的征兆。

在普通跑者之中经常能发现，足部与地面初次接触时的胫骨角度约为16度，而大多数肯尼亚精英跑者足部初次触地时的胫骨角度通常为0～7度。幸运的是，无论是慢跑新手，还是惯于使用大胫骨角度的经验丰富的美国公路越野跑者，都可以通过训练，使初始胫骨角度更接近肯尼亚精英跑者的水平。

非肯尼亚精英跑者中采用脚跟触地方式的人非常多，这甚至让一些跑步观察者认为脚跟触地这种方式是正确、健康的跑步模式。从这个角度来看，肯尼亚精英跑者开发出了一种并不自然地与地面相互作用的特别的跑步模式，但是这对职业运动员来说是必不可少的（好比职业棒球投手与街头棒球新手持球和投球动作的不同）。

然而，经过详细调查，笔者发现这种认识是错误的。在20世纪50年代，使用高速摄像机进行的研究表明，几乎所有跑者的触地方式的选择都取决于比赛距离。随着距离增加（奔跑速度随之降低），跑者们更倾向于采用全脚掌触地的方式；反之，当比赛距离缩短、速度提高时，他们更倾向于采用前脚掌触地的方式[13]。

那到底是什么原因使人类在短短 50 年左右的时间里发生了如此巨大的变化，几乎完全摒弃了前脚掌和全脚掌触地方式，转而采用脚跟触地的方式呢？

这很可能是现代跑鞋的出现对跑步模式所产生的侵蚀作用。尽管现在已经出现一种尽量不用跑鞋的趋势，甚至有活动提倡赤脚跑步，但是普通跑鞋——就是商店导购推荐给大部分顾客的那种跑鞋——仍然是沉重、颜色鲜艳、款式新颖的"战靴"，把跑者的双脚包裹在内。尤其是大部分现代跑鞋的鞋跟都有厚厚的、颜色鲜亮的泡沫塑料增高垫。

哈佛大学的研究者最近指出，通常赤脚跑步的跑者中几乎没有脚跟触地者，事实上，他们通常先用前脚掌或全脚掌与地面接触[14]。与之相反的是，习惯于穿现代跑鞋的跑者几乎都是先用脚跟触地的[15]。

笔者在拍摄并观察了大量肯尼亚儿童玩耍奔跑的视频后，也得出了相似的结论[16]。赤脚跑步的肯尼亚儿童用脚跟触地的频率几乎为零，而穿着新式跑鞋的肯尼亚儿童的脚跟触地频率明显提升——尤其是那些穿着有增厚鞋跟的现代跑鞋的孩子们。由此仅能得出一个结论，这种增厚鞋跟会促使跑者倾向于用鞋底增厚的部位触地，因为这个位置堆积了大量泡沫塑料，触地时感觉最柔软、最安全（尽管事实并非如此）。

那么肯尼亚精英跑者如何避免采用这种不良的脚跟触地方式呢？毕竟，他们也穿着具有增厚鞋跟的现代跑鞋。

另一个经常被遗忘的因素是，大部分肯尼亚精英跑者都是在他们生命的早期就开始了自己的跑步事业——赤着脚在肯尼亚的乡村里尽情地奔跑（图2.9）。赤脚跑步不仅为他们带来了超强的足部和足踝力量，还可能使他们形成特殊的跑步风格，即全脚掌触地。毕竟，没有哪个年轻跑者想用自己的脚跟承受落在树根、尖锐的石头、玻璃碴上的冲击力，因为那样太疼了。这些即将成为精英越野跑者的年轻肯尼亚跑者很快学会了全脚掌触地方式，来分散双脚触地时的冲击力。他们很可能还通过这种跑步模式发展出优异的"本体感受"，或者在足部与地面相互作用，以及对产生的力做出相应反应的同时，提高足部对路面的感知能力。即使他们日后在彩色的柔软跑道上仅用脚跟触地，这些优势也不可能完全消失。

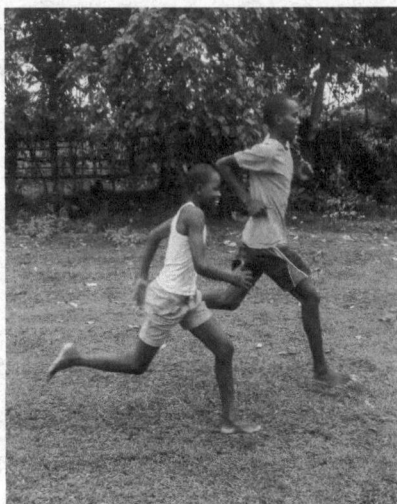

图 2.9　年轻的肯尼亚跑者经常赤脚训练

肯尼亚精英跑者的跑步姿势

肯尼亚精英跑者与普通跑者的姿势也有较大区别。在跑步过程中，姿势指的是头部、颈部和躯干的相对位置（笔直、向前弯曲或向后弯曲），以及在向前运动的过程中，双臂的位置和动作，躯干的扭转[17]。通常情况下，与普通跑者相比，肯尼亚精英跑者一般采用笔直的姿势（头部、颈部和躯干成一条直线，既不向前弯曲，也不向后伸展）。肯尼亚精英跑者的双臂运动较为高效，更少"招风"，且双臂很少垂直提起。他们倾向于像钟摆那样自然摆动双臂，而几乎不使用肌肉发力。最后，即使在高速跑动时，肯尼亚精英跑者也倾向于避免躯干进行耗能减速的洗衣机滚筒状扭转。第 10 章将全面介绍形成最佳跑步姿势的技术。

后文将对足部触地方式、扫腿、步频、与地面接触时的胫骨角度，以及姿势存在差异的原因（和结果）等进行全面的探讨。请注意，笔者并不是期望普通跑者在生物力学机制上以与肯尼亚精英跑者完全一致的模式（或与他们相同的速度）来运动。但这些模式上的不一致对跑步的效率、损伤的风险和跑步表现水平都有深远的影响，探讨这些模式上的不一致有助于为普通跑者和精英跑者形成更好的跑步模式提供指导。

总　结

普通跑者采用的跑步模式，在很多关键之处都与世界上最快的跑者所用的模式有所不同。普通跑者难以做出扫腿动作，并倾向于使用脚跟触地，同时腿部相对笔直，足部在身体重心的前方。现代跑鞋厚厚的鞋跟结构促使跑者更倾向于采用脚跟触地的方式。

与之相反的是，肯尼亚精英跑者在扫腿、使用全脚掌触地、双腿不伸直和足部位置接近身体重心这些方面，在全世界范围内都是做得非常好的。这些步态模式与运动表现最优化和损伤风险最小化之间存在一定的联系。

参考文献

［1］　M O de Almeida et al., "Is the Rearfoot Pattern the Most Frequently Used FootStrike Pattern Among Recreational Shod Distance Runners?" *Physical Therapyin Sport* 16, no. 1 (2015): 29–33.

［2］　P. Larson et al., "Foot Strike Patterns of Recreational and Sub-Elite Runners in a Long-Distance Road Race," *Journal of Sports Sciences* 29, no. 15 (2011): 1665–1673.

［3］　M.E. Kasmer et al., "Foot-Strike Pattern and Performance in a Marathon," *International Journal of Sports Physiology and Performance* 8, no. 3 (2013): 286–292.

［4］　H. Hasegawa, T. Yamauchi, and W.J. Kraemer, "Foot Strike Patterns of Runners at the 15-km Point During an Elite-Level Half Marathon," *Journal of Strength and Conditioning Research* 21, no. 3 (2007): 888–893.

［5］　Owen Anderson, unpublished video analysis of the event (2016).

［6］　Walter Reynolds, personal communication based on video analysis of hundreds of elite and ordinary runners, July 7, 2017.

［7］　Walter Reynolds, personal communication, July 7, 2017.

［8］　Ibid.

［9］　Ibid.

［10］　Ibid.

［11］　J.F. Hafer et al. "The Effect of a Cadence Retraining Protocol on Running Biomechanics and Efficiency: A Pilot Study," *Journal of Sports Sciences* 33, no. 7(2014): 1–8.

［12］　J. Daniels, *Daniels' Running Formula* (Third Edition)(Champaign, IL: Human Kinetics, 2014), 26.

[13] T. Nett, "Foot Plant in Running," *Track Technique* 15 (1964): 462–463.

[14] D.E. Lieberman et al., "Foot Strike Patterns and Collision Forces in Habitually Barefoot Versus Shod Runners," *Nature* 462 (2010): 531–535.

[15] Ibid.

[16] Owen Anderson, unpublished video taken in Kenya(2011–2012).

[17] Walter Reynolds, personal communication, August 1, 2017.

第 3 章

跑步模式的要素

两个物体发生碰撞时，其结果是纯物理性的。无论是对高速公路上超速行驶的机动车、沿着桌面滚动的台球，还是对以每分钟 180 步的步频足部与地面发生碰撞的跑者，这一理论都适用。

地面与跑者足部之间接触时的具体特征决定了跑者跑步的速度，但大部分跑者都很少花费时间来研究自己的"碰撞动力学"。跑者们关注自己的每周千米数、长跑距离、跑步速度、心率、间歇训练的结构等，但经常忽略一个事实，就是跑步能力取决于跑者与地面的交互作用的质量，并且接触的结果取决于物体相互接触的角度。人们在打台球的时候明白这一道理，但在跑步的时候却往往忽略了这一原则。跑者们通常完全不关注腿、脚与地面接触时的角度，即使有些角度与推进力最大化、损伤风险最小化高度相关，而其他一些角度则会产生额外的制动力并增加受伤的可能性。

人们以自己自然的步态跑步并且坚信这就是最好的跑步模式。大部分跑者并不重视与地面接触时的着力点（是使用脚跟、全脚掌还是前脚掌触地），即使他们选择的是错误的、会增加制动力和损伤风险的着力点，他们还是通过双腿产生了更大的力。很少有跑者会考虑触地时自己腿部的硬度，尽管硬度对冲击力模式具有重要的影响。例如，地面刚度越大，在被冲击后向跑者双腿传回的力就越大；腿部硬度越大，被推向地面从而产生的前进的力就越大。

通过关注腿和脚的触地角度、脚的触地点、腿部硬度等要素，跑者与地面的接触情况是可预测的，也是可重复的。况且由于没有哪个跑者（即使是博尔特）能以光速运动，因此，无论跑者的训练量、心率或有氧能力如何，牛顿运动定律都适用于接触的结果。

从冲击力和跑步速度的角度来看，牛顿第三定律尤其重要。它告诉我们，如果一名跑者的脚跟在触地时腿相对伸直，且脚在身体前方，那么这只脚会向下、向前触地，而地面会向上、向后推动跑者的腿部和身体。

正如牛顿所说："所有作用力都存在大小相等、方向相反的反作用力。"而这种情况下的反作用力方向恰恰与跑者所希望的运动方向相反。换言之，跑者想要向前运动，但与地面接触后形成的力会把他向上、向后推（图3.1）。

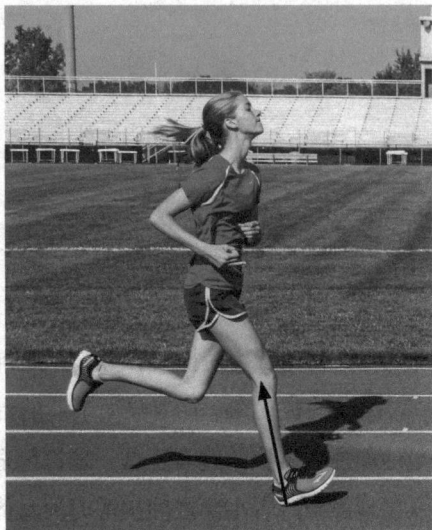

图3.1　当跑者用脚跟触地，且脚位于身体前方时，初始冲击力（及因此产生的推进力）的方向为向上、向后，与跑者期望的运动方向相去甚远

当跑者以错误的腿部角度与地面接触时，牛顿定律指出其产生的力一定不是最优的，而且该跑者永远无法达到最快的跑步速度。因此，跑者们有必要学会使用正确的触地角度，这是正确的跑步模式的基本要素。

触地中的关键角度称为"胫骨角度"，由足部初次触地时胫骨与地面形成的夹角的度数决定。测量胫骨角度的确切时刻是足部与地面初次接触时。要确定胫骨角度，应当从膝关节中心位置起，画一条平行于胫骨的直线，通向地面。再以平行于胫骨的线与地面的接触点为起点，画一条平行于地面的线。然后用这两条线形成的夹角的度数减去90度，即得到实际的胫骨角度——触地点处胫骨与垂直于地面的直线形成的夹角的度数。

　　例如，足部初次触地时地面与胫骨的夹角为 100 度（图 3.2），则实际胫骨角度为 10 度（100 度减 90 度）。记住，胫骨角度实际是在触地点处垂直于地面的一条直线与胫骨之间的夹角的度数。

　　胫骨角度可以为正、零度或负。如果足部与地面接触时胫骨从膝关节处开始向前倾斜，则胫骨角度为正（图 3.3）。如果足部触地时胫骨恰好垂直于地面，则胫骨角度为零度（图 3.4）。

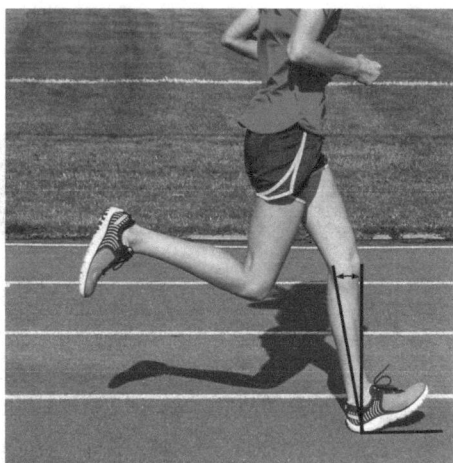

图 3.2　胫骨角度是在触地点处胫骨与垂直于地面的直线形成的夹角的度数

　　如果在触地时胫骨从膝关节处向后倾斜，则胫骨角度为负。这种情况下，前方地面与胫骨之间的角度小于 90 度。假设这个角度为 84 度，那么足部初次

图 3.3　如果在触地时胫骨从膝关节处向前倾斜，则胫骨角度为正

触地时的胫骨角度为 −6 度（84 度减 90 度）（图 3.5），跑者在触地时可能会向前摔倒。

图 3.4　如果在触地时胫骨垂直于地面，则胫骨角度既不为正也不为负——为零度

图 3.5　如果在触地时胫骨从膝关节处向后倾斜，则胫骨角度为负

关于较小且为正的胫骨角度的悖论

为什么作为跑步模式中非常关键的要素之一的触地胫骨角度（shank angle at touchdown，SAT），在本书出版之前，几乎在任何地方都从未被提及？

正如艾萨克·牛顿（Isaac Newton）爵士在 300 多年前所指出的那样，两个物体相互碰撞的角度决定了所产生的力的方向。SAT 为负时，腿部向下、向后推动地面，使得地面向上、向前推动腿部和身体，这似乎是最优的跑步模式（但本书第 11 章会论述事实并非如此）。从理论上讲，SAT 为零度可能更好，因为以这种角度触地几乎不产生制动力，从而能让跑者轻松、高效地向前弹跳（就像一个篮球在球场上弹跳）。SAT 为正看起来并不是最优方案，因为它会为运动带来相当大的制动力，尤其是较大的 SAT 会对身体产生相当大的向上、向后的制动力。最为重要的是，SAT 是跑者接触地面时所产生的制动力和推进力大小的决定因素。因此，它决定着跑者前进的速度。事实证明，SAT 还对损伤风险有着显著的影响，较大的 SAT 使损伤的概率显著提升。事实上，跑步时较小且为正的 SAT 才是最优的跑步模式。

SAT 不是遗传的，因此它不是由基因决定的。它由环境因素所控制，并且极易受到现代跑鞋的影响。当然，不是所有跑者都形成了最佳跑步模式。事实上，大部分跑者的 SAT 都不合理，这不仅降低了他们的跑步速度，还增加了损伤的可能性。幸运的是，SAT 是可以通过训练改变的，并且，这一点很重要，尽管人们受一些流行观念的误导，认为跑者不应该调整自身的跑步模式。

作为跑步模式中的一个关键要素，SAT 应该通过一些正确的跑步模式训练被调整到最优，这些训练能让神经系统学会控制 SAT。第 7 章将对这些训练进行详细的介绍。

最大胫骨角度的重要性

除了 SAT 以外，还有一个与跑步模式有关的，并且相当重要的角度：最大胫骨角度（maximal shank angle, MSA）。与在足部与地面初次接触时进行测量的 SAT 不同，MSA 是在步态的摆动阶段进行测量的，此时足部腾空并移动至身体前侧。事实上，MSA 通常是在腿部向前摆动期间，足部相对身体向前移动到最远的点时进行测量的。要计算 MSA，仍需要从膝关节至足部画一条与胫骨完全平行的直线；另一条直线平行于地面，以平行于胫骨的线与地面的接触点为起点。测量出这两条直线之间的夹角的度数，然后用这个度数减去 90 度，即得到 MSA。图 3.6 中跑者的 MSA 为 24 度（114 度减 90 度）。

尽管与 SAT 一样，在此之前 MSA 几乎从未被任何图书、文章、博客、视频或应用软件提及，但是为什么仍然说 MSA 是跑步模式的关键要素之一呢？

一个原因是，MSA 与步幅相关，步幅是跑步模式中对表现水平有重要影响的一个变量。步幅也是决定跑步速度的两个基本要素之一，另一个基本要素是步频。在此有一个简单的公式：速度 = 步频（步 / 秒）× 步幅（米 / 步）。例如，一名跑者以 3 步 / 秒的步频和 2 米 / 步的步幅跑步，则跑步速度为 6 米 / 秒，那么每 400 米用

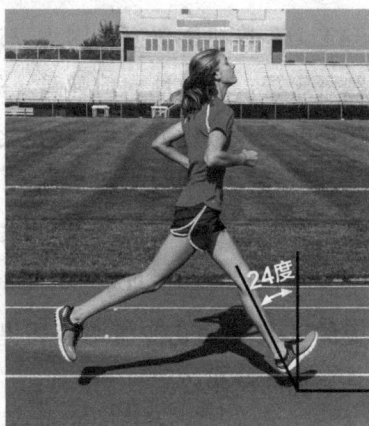

图 3.6　MSA 是在腿部向前摆动过程中胫骨形成的最大角度

时约为 66.67 秒。最大跑步速度是步频与步幅的最优组合，它能用于准确预测长跑的表现水平（当然也能用于预测短跑的表现水平），而步幅与 MSA 密切相关。补充一点，这种相关性出于两种不同的原因。

一名技术不熟练的跑者可能只是简单地将腿部大幅向前摆动，以非常大的 MSA 用力踩在地面上，由此产生较长的步幅，但这是次优方案。之所以其为次优方案，是因为这会产生向后的推进力，并对步频产生显著的负面影响。

而对于技术比较成熟的跑者来说，在达到较大的 MSA 后，他的双脚会明显地加速向后蹬地，将大量的动能传递给地面（与使用较小的 MSA 相比，获得更多的动能）。这会使身体向前腾空的距离更远，并由此产生相对较大的步幅。

MSA 非常重要的另一个原因是：它直接影响着另一个重要的跑步模式要素，该要素被称为反向摆动（reversal of swing，ROS），为 MSA 与 SAT 之差。例如，一名跑者的 MSA 为 15 度，SAT 为 3 度，则其 ROS 为 12 度（15 度减 3 度）（参阅上文中的图 2.6）。换言之，该跑者从触地之前的最远位置开始，腿向后扫了 12 度。

ROS 是跑步模式的另一个要素。想象一下跑者的左脚或右脚完整的步态运动周期——从脚趾离开地面腾空摆动，再通过反向摆动回到地面，然后经历步态中的支撑阶段，再次回到脚趾离开地面的腾空阶段。

"四季豆"形步态

足部的运动模式图会是怎样的呢？如果你的回答是"一个长方形"，那你该庆幸自己买了这本书——因为你对跑步模式的认识有待更新。如果你回答"一个椭圆形"，那还比较接近，在跑步模式的测试里你至少能得"C"。但事实上，著名的德国跑步教练温弗里德·冯斯坦（Winfried Vonstein）曾指出，足部运动的实际轨迹形状像一颗"四季豆"[1]（图 3.7）。

一只脚在脚趾离开地面后，先向后、向上运动，然后开始向前、向下运动，形成"四季豆"上端的凹陷。这只脚向上、向前运动，一直到达距离身体前方最远的位置，即测量 MSA 的位置。从这个位置开始，这只脚开始向身体后侧并朝向地面向下运动，最终以 SAT 触地。小腿和足部从距离身体最远位置的点到足部初次触地之间的运动角度是 ROS，而后续的步态阶段有时被称为足部在地面的"抓地"（clawing）或"扒地"（pawing）动作。身体向前移动期间，足部固定在地面上（步态中的支撑阶段），直到脚趾再次离开地面并向上、向后运动。几乎所有跑者足部

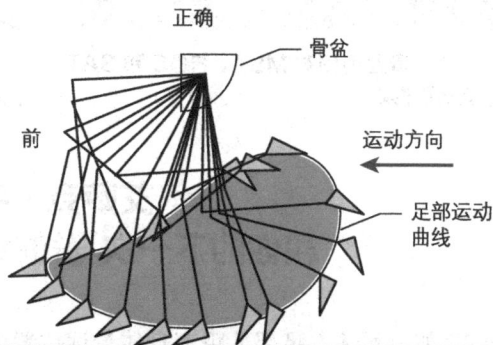

图 3.7 足部在跑步过程中的运动轨迹呈"四季豆"形

运动的整体轨迹都呈"四季豆"形。

正如冯斯坦所指出的，这对跑步期间的骨盆位置具有一定的影响。例如，如果骨盆底部向后倾斜（同时骨盆顶部因此向前倾斜），则足部技术会发生改变，这颗"四季豆"就会变形（图 3.8 和第 4 页的图 1.1）。尤其是当骨盆顶部向前倾斜时，由于 MSA 和 ROS 的减小，足部向前移动的能力减弱，必然会影响到跑步速度。骨盆底部向后倾斜时，足部向后运动的能力增强，但这并不会对跑步速度产生积极影响（事实上，它会减弱垂直推进力，而垂直推进力对速度而言非常关键。这些会在后续章节中介绍）。与之相反的是，如果骨盆保持直立，没有明显的前倾或后倾，则 MSA 没有受到负面影响，步幅和 ROS 也不会受到影响（图 3.9）。

图 3.8　骨盆前倾对 MSA、ROS 和 SAT 都有负面影响

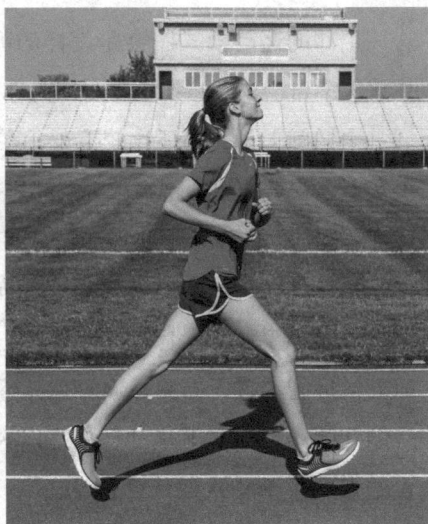

图 3.9　骨盆直立对 MSA、ROS 和 SAT 均无负面影响

艾萨克 · 牛顿
和你的下一次马拉松或 10 千米跑

如上所述，足部从距离身体最远位置的点开始，朝向地面向下、向后运动，到足部初次触地之间的运动角度被称为 ROS。足部在 ROS 动作结束时触

地，如果跑者想要以最佳的模式和最快的速度奔跑，就必须要考虑牛顿运动定律。牛顿虽然不是马拉松或者越野跑选手，但他准确地指出物体的动能是物体运动时所产生的能量。我们可以把它运用于跑步：很明显，在这种情况下，运动的物体就是跑者的腿部和足部。当足部与地面接触时，腿部与足部对地面做的功，决定了所产生的向前的推进力的大小，并由此决定了跑者的速度。这一做功就是腿部动能的直接作用：动能越大，向地面做的功越大，由此产生的推进力也越大。

这一现象可以用非常简单的公式描述：动能 = $1/2 \times$ 质量 $\times$ 速度^2。其中动能是指腿部和足部的动能，1/2 是常数，质量是腿部和足部的质量，速度是腿部和足部的运动速度。从这个公式可以看出，腿部在跑步过程中，尤其是 ROS 过程中的动能取决于腿部的速度。换句话说，足部和腿部对地面做的功，及其产生的推进力的大小，取决于腿部和与其连接的足部的 ROS 速度。事实上，腿部与足部做的功与力的大小都取决于腿部速度的平方（公式中可看出），这就意味着如果在 ROS 期间腿部的速度翻倍，则腿部的动能会增加为原来的 4 倍。

ROS 的重要性显而易见。但普通长跑跑者的 MSA 约为 18 度，SAT 仅为 16 度，其 ROS 非常小，仅有 2 度（图 3.10）。

如此之小的 ROS 能产生的速度几乎可以忽略不计。而且，在这 2 度范围的运动周期中，产生的腿部运动速度，以及腿部的动能都非常小，通过与地面接触产生的推进力也很小。但大多数长跑跑者都以这样的模式运动：ROS 极小而 SAT 很大。他们不能创造出最大的推进力，反而制造了相当大的制动力。这就可以解释为什么普通跑者跑得比较慢。虽然这有点儿令人沮丧，但 ROS 和 SAT，还有足部触地产生的力，都可以通过恰当的训练改善。本书中提出的训练方法可以显著改进 ROS 和 SAT，并使跑步速度明显加快。

尤塞恩·博尔特，2017 年世界上跑得最快的人，他的 ROS 是多少？这个数字十分惊人，博尔特的 ROS 通常大约是 20 度，在他以最大速度跑 100 米时也是如此。他在跑 100 米时的 MSA 通常是 27 度，且 SAT 常常接近 7 度，这可以产生 20 度的 ROS，即 MSA 的约 74%。这 20 度的 ROS 可以产生惊人的速度和大量的动能，并能够转换为施加于地面的作用力。当然，精英马拉松选手

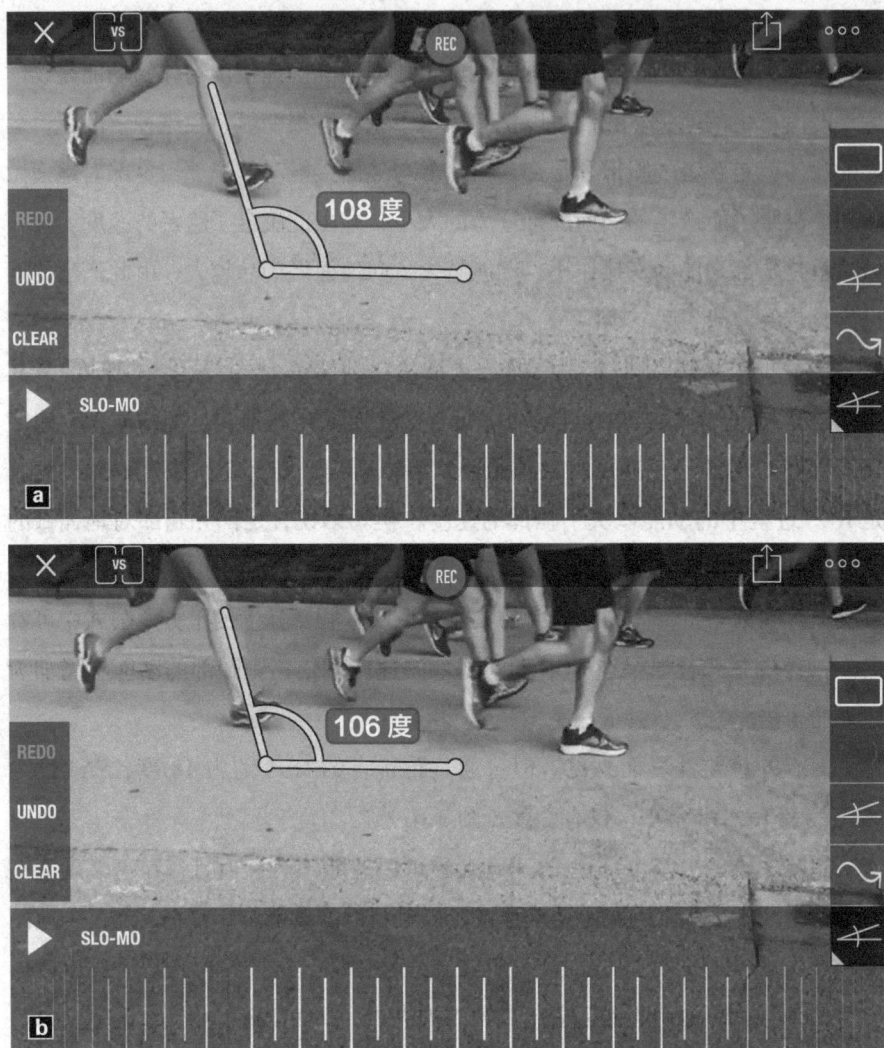

注：REC 为录像，REDO 为重放，UNDO 为撤销，CLEAR 为清除，SLO-MO 为慢速。
图 3.10　**a. 这名普通跑者的 MSA 为 18 度（108 度 -90 度）；b. 其 SAT 为 16 度（106 度 -90 度）。因此，其 ROS 仅有 2 度，在触地时产生的动能非常小**

的速度相对较慢，就不需要拥有博尔特的"闪电"速度。

例如，当基梅托刷新男子马拉松世界纪录时，他的平均 ROS 约为 8 度（MSA 约为 16 度，SAT 约为 8 度）[2]——约为博尔特的 40%，但却是普通长跑选手的 4 倍。

ROS 与 MSA 之比

有关 MSA 和 ROS 的讨论引入了另一个关键的、可量化的跑步模式要素：ROS / MSA。这一要素告诉我们跑者应该怎样有效地运用其摆动，换言之，一旦将一只脚放在身体前方，整个准备过程可以产生多少推进力。大部分情况下，ROS/MSA 的值越大，向地面施加的力就越大。

以前面提到的普通跑者为例，他可以摆动到 18 度，但是 ROS 又使这条腿触地之前仅向后移动 2 度，产生极小的角度比——2 / 18，或者说 ROS / MSA 约为 0.11。实际上，该跑者的腿部和足部向后移动的距离大约只有向前移动距离的 11%，因此触地时产生的推进力很小。而且，由于足部在身体前方的远处，跑者在每一次接触地面时都会产生很大的制动力。

如果这位跑者的扫腿幅度缩小，以 9 度的 SAT 触地，则 ROS / MSA 的值为 9 / 18 =0.50，此时情况会好多少呢？在这种情况下，由于腿部在后扫期间产生了更多的动能，制动力会相当小，因为足部没有在身体前方的远处，推进力也会更大。

如果使用更大的 ROS，则情况会更好，SAT 减小到 6 度左右，则 ROS / MSA 的值约为 0.67，这也会减小制动力。因为足部在接触地面时距离身体更近，同时由于动能增大，推进力也变强了。

你可能会认为，做一个完整的向后扫腿动作，使 SAT 降低至 0 度是完美的情况，因为这样产生的制动力最小。理论上是如此，然而，在这种情况下，当产生最大推进力时，胫骨并没有处在正确的角度。

事实上，著名的跑步模式专家沃尔特通过研究指出，最佳的 ROS / MSA 的值（从产生最快跑步速度的角度来看）为 0.70 ~ 0.75 [2]。换言之，足部向外摆出之后，应当再扫回来，在触地之前达到约 75% 的摆动距离。ROS / MSA 的值小于 0.70，会增强制动力并减弱向前的推进力；而 ROS / MSA 的值过大，同样会减弱向前的推进力。

足部触地方式

足部触地方式是跑步模式的另一个基本要素。前脚掌触地是用脚前半部分首先触地，此时脚跟不与地面接触。全脚掌触地是指用脚的中间部分首先触地，脚跟随即与地面接触。脚跟触地，也叫后脚掌触地，是指用脚跟首先触地[3]。

足部触地方式是跑步模式中的重要因素，因为它影响了步态中支撑阶段的持续时间，进而影响到另一个重要的跑步模式变量——步频，或每分钟所迈的步数，这是步伐速度的一种表现。足部触地方式还决定了触地后，腿部向上运动的速度和冲击力的大小。

从支撑时间和力的负载率（触地后腿部力增长的速率）方面来看，脚跟触地的表现都不尽如人意。相较于全脚掌或前脚掌触地，脚跟触地会使支撑时间延长 0.01 秒。这个数字看起来可能很小，但这百分之一秒本不该浪费在地面上，而且会随着时间流逝而逐渐累积。例如，一名脚跟触地者以每分钟 180 步的步频，在 5 分钟内跑 1 英里（约为 1.61 千米），那么其总步数为 900 步，每步支撑时间延长 0.01 秒，则总支撑时间延长 9 秒。可以看出，他浪费了很长一段时间在地面上。换言之，只要将脚跟触地改为全脚掌触地，那么他就有机会将 1 英里（约为 1.61 千米）的跑步时间从 5 分钟缩减到 4 分 51 秒。如果他跑半程马拉松，即 13.1 英里（约为 21.08 千米），获益将更加明显。由于脚跟触地"损失"在地面上的时间为 117.9 秒，而转换为全脚掌触地方式就可以不用损失这些时间，时间上能够节约 1 分 57.9 秒，总时间从 65 分 30 秒缩减至 63 分 32.1 秒。这样他就接近男子精英跑者的水平，这将是一个很大的进步。

当然，非精英跑者的获益也会更多。例如，一名跑者跑半程马拉松，速度为每英里（1 英里约为 1.61 千米）8 分钟，步频为每分钟 180 步，采用脚跟触地方式。他每英里（1 英里约为 1.61 千米）的步数为 1440 步，则每英里（1 英里约为 1.61 千米）支撑时间延长 14.4 秒。可以看出，他每英里（1 英里约为 1.61 千米）在地面上损耗的时间更多。那么他跑 13.1 英里（约为 21.08 千米），支撑时间延长约 188.6 秒，这意味着他比采用全脚掌触地方式的跑者慢了约 3 分 8 秒。

新手跑者以相对较慢的速度跑步，在地面上花费 70% 的时间，用 30% 的时间向前移动；而跑得最快的人仅花费 39% 的时间在地面上，用 61% 的时间腾空向前。从脚跟触地转变为全脚掌触地，普通跑者能够用更多的时间向前飞奔，用更少的时间支撑，从而获得更快的训练速度、更好的健身效果和更快的比赛跑步速度。

相较于全脚掌触地，脚跟触地对足部、腿部、髋部和脊柱所受的冲击力有明显的影响。尤其是脚跟触地能产生更大的瞬间冲击力，这意味着与全脚掌触地相比，脚跟触地方式会使冲击力更快地向腿部传递。事实上，脚跟触地产生的大且快速的冲击力对腿部有害。与其相比，全脚掌触地产生的力的有害性较小，并且更为分散。

与全脚掌触地相比，脚跟触地会带来更大的瞬间冲击力和更大的损伤风险。幸运的是，和 SAT、MSA 及 ROS 相同，足部触地方式也是可以通过训练改善的。这的确非常幸运，因为大约 95% 的长跑选手都是坚定的脚跟触地者。还有一个术语，触地足部角度（foot angle at touchdown，FAT）描述了初次触地时足部的动作。后续章节会有更多关于 FAT（图 3.11）的介绍。

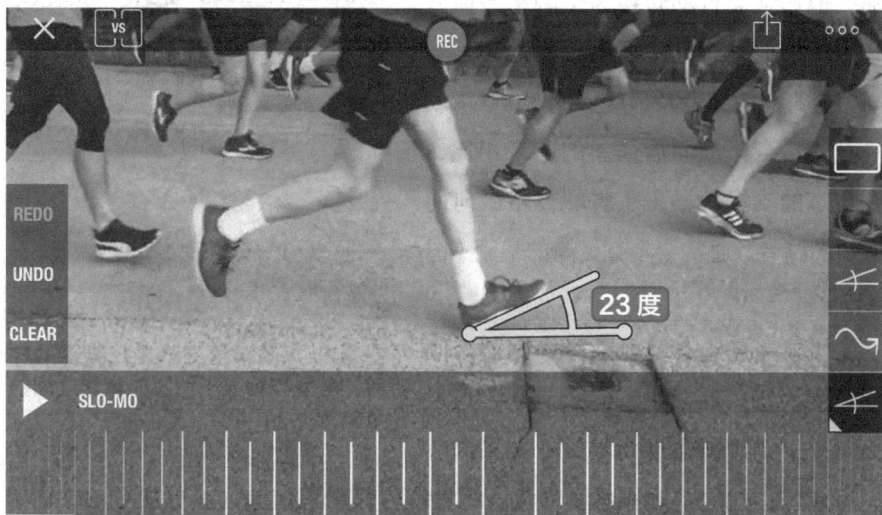

注：REC 为录像，REDO 为重放，UNDO 为撤销，CLEAR 为清除，SLO-MO 为慢速。

图 3.11 FAT 就是初次触地时的足部角度

步频与倾斜角度

如前所述，步频（步速的一种表达方式）就是跑步期间每分钟迈出的步数。步频从根本上影响着跑者的表现水平，因为它是决定跑步速度的两个变量之一，另一个变量是步幅。

在高水平的训练和比赛期间，精英跑者始终保持每分钟180步的步频，那些想要提高训练和比赛速度的跑者，将这一数值作为努力的目标。更高的步频一般意味着跑者的每一步都花费更少的时间在地面上，因而有可能获得相对更多的腾空时间和距离，以及更快的跑步速度。

步频与跑步模式的其他变量相关。例如，与脚跟触地者相比，全脚掌触地者的步频通常会更高。事实上，如果一名跑者想要以比平时更高的步频运动，那么他通常会自动转换为全脚掌触地方式（如果他平时是一名脚跟触地者）。与完全直立的跑者及那些要跑5 000米或马拉松，身体却向后倾斜的跑者相比，在步态的支撑阶段，从脚踝处略微向前倾斜的跑者，通常会具有更高的步频（图3.12）。

如果一名跑者身体前倾，则这个倾斜角度为正；如果跑者完全直立，与地面垂直，则倾斜角度为零度；如果跑者

图3.12 倾斜角度就是在脚跟触地时，身体与垂直于地面的直线之间的角度

向后倾斜，则这个倾斜角度为负。笔者认为轻微地向前倾斜更加有益，因为这样更符合牛顿运动定律：施加于地面的推进力，会沿着身体的运动方向往全身传送，而且相较于笔直向上或向上、向后的力，向上、向前的力更佳。当然，过度前倾会减小步幅，一般认为5%是最优前倾率。

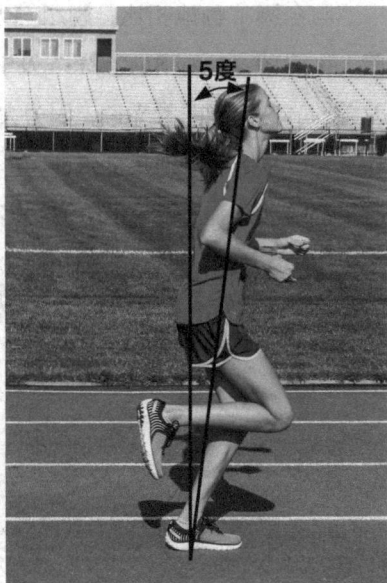

姿　势

正如沃尔特·雷诺兹指出的那样[2]，跑步姿势有 3 个关键要素：手臂的动作和位置，躯干的扭转，头部、颈部和躯干之间的相对位置。

尽管有 1 000 名跑者就有 1 000 种不同的手臂姿势和运动方式，然而毫无疑问的是，有些手臂动作习惯对跑者的表现水平具有负面影响，且存在使用手臂的最佳方式。例如，将双臂像翅膀一样向后方抬起或将它们向两侧抬起都不是好方法，因为这会使跑者为了保持手臂向两侧抬起而耗费能量。与之类似的是，双臂大幅度的回环动作也会减慢跑步速度。如果一名跑者以这种方式跑步，则他的腿部通常也要以缓慢的速度运动，才能与上肢保持平衡，而这样会使步频降低。相较于双臂从肩部下垂，像没有摩擦力阻碍的钟摆一样轻松地前后摆动，双臂大幅度摆动（伴有肩部肌肉主动地同心收缩）也非常消耗能量。对于长跑运动员来说，重要的是要意识到最大耗氧量并不是无限的。在跑步期间因手臂的动作大量耗氧是没有意义的，氧气应当用于身体真正能够产生向前推进力的部位——尤其是身体核心、腿部和足部。

很明显，我们应当采用更经济、高效的手臂运动方式，特别是现代跑者都已经意识到手臂并不能提供推进力。高效的方式是让手臂轻松地从肩部开始向前摆动至手掌位于髋部两侧的位置，再向后摆动至手肘位于髋部两侧的位置。另外，由于长杠杆的前后运动比短杠杆更耗能，而手臂又确实是一种杠杆，因此为了达到最佳效果，应通过在肘部形成 90 度角并在跑步期间将手大致移动到距离肩部高度一半的位置的方法来缩短杠杆（图 3.13 和图 3.14）。

该原则同样适用于跑步期间躯干的扭转动作。跑者在跑步期间，如同洗衣机滚筒一样沿着顺时针或逆时针方向剧烈地扭转躯干是没有意义的。扭转幅度越大，消耗的能量越多。像洗衣机滚筒一样扭转躯干表明跑者的核心能力薄弱。自然的步态方式是当右臂自然运动至前方时，左腿也向前方运动，躯干明显逆时针扭转与左腿向前运动是不平衡的，也是效率低下的。换言之，腿部向前运动不应干扰身体平衡，否则躯干就必须通过明显的扭转来达到平衡。躯干应当是相对静止的。这可以通过勤勉的核心训练，并在跑步期间注意躯干动作来实现。

图 3.13　肘部形成 90 度角

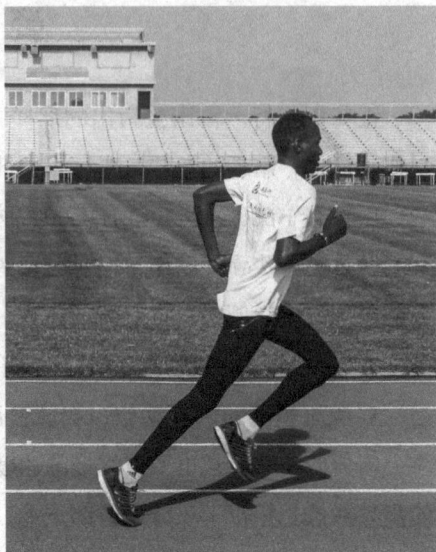

图 3.14　手移动到距离肩部高度一半的位置

最后，可以为跑者录制视频以确定上身姿势，然后（在静止的视频画面上）将跑者的头部中心点、颈部中心点、胸部和髋部中心点连接起来，应当可以形成一条直线。如果不是直线，跑者正在移动，上身向前倾斜或向后倾斜，这两者都不是最佳位置。上身向前倾斜会缩短步幅，难以达到以笔直姿势跑步时的速度（图 3.15）。而上身向后倾斜会将足部推向远离身体重心的前方，从而在足部触地时产生更大的制动力。

图 3.15　上身向前倾斜会缩短步幅，减慢跑步速度

　　幸运的是，这 3 个姿势要素——手臂的动作和位置，躯干的扭转，以及头部、颈部和躯干的相对位置——都可以通过本书后面介绍的训练方法进行优化。

总　结

　　量化跑步模式，并使用正确的方法进行训练和提升，这在跑步历史上是第一次。跑步模式的关键要素有：MSA、SAT、FAT、ROS，以及 ROS 和 MSA 之比（ROS / MSA）。这些基本要素易于测量，并可随着时间的推移逐步优化，最终形成最佳的跑步模式。这种模式可以形成跑步时的"碰撞动力学"，同时优化推进力，最小化制动力，并控制冲击力经由腿部和身体传输的速率（从而降低损伤风险）。

参考文献

［1］ W. Vonstein, "Some Reflections on Maximum Speed Sprinting Technique," *New Studies in Athletics* 11, no. 2–3 (1996): 161–165.

［2］ Walt Reynolds, video analysis, July 7, 2017 .

［3］ P. Larson et al., "Foot Strike Patterns of Recreational and Sub-Elite Runners in a Long-Distance Road Race," *Journal of Sports Sciences*, 29, no. 15 (2011): 1665–1673.

第 4 章

改进跑步模式如何提高
表现水平并预防损伤

跑步模式改进的目标包括降低损伤风险、提高表现水平，以及微调跑步效率。模式改进的另一个积极影响（尽管不是自动产生的）是形成更流畅的跑步风格。与因脚跟在身体前方触地而引起的颠簸不同，最佳的跑步模式会呈现为一种高效又优雅的、有节奏的律动。由于这种模式会减少每次触地时水平方向上的制动力，因此还会让人感到更加有力。在支撑期用于产生水平推进力的时间越长，就越能高效地利用弹性能量提供向前的推进力，产生垂直推进力的时机也更好（当足部不在身体前方静止时，它会在更理想的时间到达峰值），这些都是正确的跑步模式的特征。

跑步模式与预防损伤

美国每年有超过1900万人参加公路赛跑，约有5400万美国人在一年中的某些时候从事跑步运动[1]。令人惊奇的是，美国有3000万人每年至少有50天在跑步或慢跑，并且每年有54万名马拉松选手和将近200万名半程马拉松选手参赛[2]。虽然这一数字很令人振奋，但事实上，有接近65%的普通跑者都会受伤[3]，多达92%的马拉松学员一年当中有相当长一段时间是在担架上度过的[4]。

科学研究指出，使用正确的跑步模式能显著降低损伤风险。大部分跑者采用脚跟触地及足部在身体前方的方式，这会大大提高损伤风险。从损伤的角度来看，常见跑步模式中的关键问题是脚跟触地对地面产生的冲击力更大，反作用于膝盖的冲击力也更大，冲击力负载率因此增加；且相较于正确的方式，髋部内收（支撑阶段大腿向内运动）角度也明显增大。特此提醒，最佳方式是使用全脚掌触地，同时足部应靠近身体重心下的一点。冲击力和髋部内收角度增大的后果就是训练年度中某些时间点的损伤风险提高了。

脚跟触地的主要问题之一是会增大一个重要变量——冲击力的垂直平均负载率（vertical average loading rate，VALR）。研究显示，VALR是与跑者损伤风险关系最密切的预测指标：跑者的VALR值越高，其骨骼和软组织面临损伤的风险越高[5]。事实上，相比全脚掌触地，使用脚跟触地的方式会使腿部承受的冲击力快速增大（VALR增长过于迅速）。

使用脚跟触地（正如95%的跑者所做的那样），而不是用全脚掌或前脚掌触地，会使与跑步相关的损伤风险翻倍[6]。相较于前脚掌和全脚掌触地，脚跟触地使地面反作用力产生了更大的初始峰值冲击力，这从另一个角度说明脚跟触地者的VALR更高（图4.1）[7]。

脚跟触地带来的关键问题在于，触地时施加于腿部的冲击力的负载率明显更高。换言之，脚跟触地的方式会使腿部感受到的力的增大的速率更高，即腿部更迅速地经受冲击力，且反应时间更短。施加于腿部的力更大，损伤风险也更高[8]，更高的负载率也与损伤风险相关[5,9]。如果跑者从脚跟触地改为前脚掌或全脚掌触地的方式，则冲击力将会明显减小[10]。

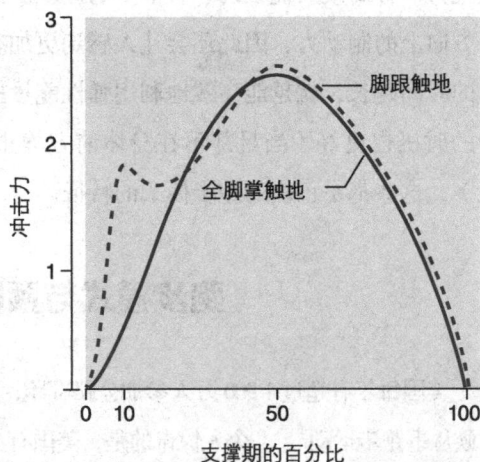

图4.1 与脚跟触地和全脚掌触地相关的冲击力变化。注意：仅从前10%的支撑期来说，与全脚掌触地相比，脚跟触地时的垂直冲击力增加了一倍多

跑步模式的其他要素又是怎样影响损伤风险的呢？ SAT、MSA 和 ROS 都是跑步模式研究中相对较新的术语，几乎还没有关于它们对损伤风险的影响的研究。但是，SAT 和脚跟触地方式密切相关。SAT 越大，跑者越有可能使用脚跟触地。因此，高 SAT 值应当与高冲击力负载率相关。

步频的作用

很多研究都揭示了另一个跑步模式的变量——步频与损伤风险之间的联系。蕾切尔·伦哈特等人（Rachel Lenhart et al., 2014）在威斯康星大学麦迪逊分校进行的一项研究表明，跑步期间步频提升 10%，膝关节峰值受力可减少 14%[11]，这也会降低发生髌骨疼痛和膝关节损伤的风险。该研究组之前的工作表明，仅将步频提高 5%，就可以减少每步膝关节做的总功，降低脚跟触地的强度，减小支撑期髋部的内收程度及足部在地面上时髋部的内旋程度[12]。支撑是足部触地的步态阶段，此时足部即将向相对于身体其他部位的后侧运动。实际上，身体其他部位向足部的前方运动，支撑开始于足部初次触地的瞬间，结束于脚趾离开地面的那一刻。髋部内收是支撑期大腿向内的运动。与正常的髋部内收相比，髋部内收角度的增大意味着，在支撑期大腿向内侧的运动更加明显（图 4.2 和图 4.3）。

减小膝关节峰值受力，减轻髋部内收和扭转的程度，应当可以降低发生膝关节损伤和另一种常见伤痛"髂胫束综合征"（iliotibial band syndrome, ITBS）的风险。患有 ITBS 的跑者的跑步步频普遍较低（每分钟少于 165 步），且其在支撑期表现出高度的髋部内收和扭转。

尽管上述两个研究并未测量 SAT，但应注意很重要的一点：SAT 与步频之间存在密切的关联。例如，普通跑者的 SAT 通常约为 16 度，步频为每分钟 160 ~ 164 步[13]。然而，步频为每分钟 180 步的跑者，SAT 常常只有 6 ~ 10 度[14]。在海德思格特等人（Heiderscheit et al., 2011）开展的研究中，合理地假设随着步频的增加，SAT 会相应减小，脚跟触地的强度也会相应降低，因此膝关节受力、髋部内收和扭转的程度都会减小，从而降低损伤风险。

图 4.2　较低的步频与较大的髋部内收角度相关，并会引发更高的损伤风险

图 4.3　研究表明，跑者步频的提升通常与支撑期更小角度的髋关节内收相关

常见的损伤与常见的跑步模式

研究表明，与跑步相关的损伤风险的增加，与各种跑步模式中的身体姿势有关，尤其是普通跑者采用的跑步模式。3 种常见的跑步损伤——ITBS、胫骨应力性骨折和髌股疼痛综合征（以膝关节前侧强烈的不适感为特征），与步态中支撑阶段的峰值髋部内收角度的增加有关。与跑步模式相关的另一个重点在于，髋部内收角度不仅与步频紧密相关，而且还与一个被称为"脚跟触地距离"的要素相关。这一要素的定义很简单，就是骨盆中心与足部初次触地时的脚跟之间的水平距离。脚跟触地距离越远，髋部内收角度越大[15]（图 4.4）。

一般情况下，脚跟触地距离是 SAT 的直接函数：脚跟触地距离越远，SAT越大。因此，SAT 与损伤风险之间存在直接的联系。较大的 SAT 会导致较远的脚跟触地距离，从而加剧髋部内收并增加损伤风险。

较高的峰值髋部内收角度，会加剧大腿向内的运动，从而对大腿侧面的髂胫束和膝关节施加更大的压力，这也是训练时膝关节不适的一个原因。该问题可通过减小 SAT 和脚跟触地距离来解决（促进 SAT 减小的训练方法将在第 7 章介绍）。另外，针对跑步专项力量进行适当的训练能够以功能性方式改善髂胫束的强度，从而减小峰值髋部内收角度，进一步保护跑者免受髂胫束综合征和膝关节疼痛的困扰（针对跑步专项力量的训练方法会在第 14 章进行讨论）。支撑阶段髋部过度内收被视为是不良的跑步模式，因为它增加了损伤的风险。

图 4.4　脚跟触地距离越远，髋部内收角度越大，损伤风险越大

总之，过远的脚跟触地距离（及其导致的更大的 SAT）、过高的峰值垂直地面反作用力及足部初次触地时较小的膝关节屈曲度（即直腿），都与发生髌股疼痛[16]、髂胫束综合征[17]和胫骨应力性骨折[18]的风险的增加有关（图 4.5 和图 4.6）。

图 4.5　研究表明，直腿落地会增加发生严重跑步损伤的风险

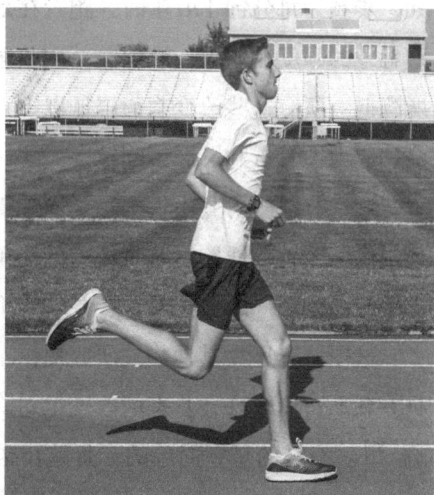

图 4.6　研究表明，屈腿落地能降低跑步损伤的风险

运动科学家们最近正在探索，如果仅改变步频，是否可以改善这些机制，降低损伤风险。他们想要确认步频的提高是否会使脚跟触地距离减小，从而产生更小的 SAT 和更小的垂直地面反作用力，使髋部在支撑期得到更好的控制，并且触地时膝关节屈曲度更大[19]。如果高步频可以带来这些积极的结果，那就相当神奇了，并且也在一定程度上揭示了步频在最佳跑步模式中的重要性。

步频的再训练

一项关于步频的研究调查了一群习惯使用脚跟触地的跑者，他们每周以较低步频（平均每分钟 164 步）跑大约 19 千米。这些跑者都参与了一个为期 6 周的"步频再训练干预"项目。为了提高步频，每名跑者使用节拍器（调整步伐）进行训练，用节拍器反映的步频被调整至比他们原本习惯的步频高 10%（如此即为每分钟 180 步左右）。所有参与者都以提高 10% 之后的步频（每分钟 180 步左右），至少完成了周千米数的 50%。这些跑者都由节拍器或其他听觉工具引导，例如每分钟 180 拍左右的音乐或智能手机上的节拍器应用程序。

经过 6 周的训练后，跑者虽然并没有将自然步频提升至每分钟 180 步左右，但已提高至每分钟 170 步。这种步频的提高带来了一些积极的结果。例如，步频为每分钟 170 步时，跑者在足部初次触地时踝关节背屈度减小（即脚跟触地的强度减弱），峰值髋部内收角度减小，并且冲击力的垂直负载率也有所降低。所有这些改变都与降低以下 3 种关键的跑步损伤风险相关：膝关节疼痛、应力性骨折和髂胫束问题。

这个有益的研究不仅揭示了简单提高步频可以产生更好的跑步机制，而且还提供了改善普通跑者跑步模式的简单技巧（通过使用节拍器，将步频设置为比平时高 10%）。通过这一方法，跑者可以在较短时间内显著提高步频。

这项调查还为其他相关研究提供了支持，证明了提高步频与改变步态之间具有联系；反过来，步态的改变也对降低过度跑步引起的损伤风险具有积极影响[20]。有趣的是，简单的赤足跑步也会提高步频，并能小幅改善跑步机制，包括减小 SAT、缩短脚跟触地距离、减小对脚跟触地的依赖程度[21]。第 12 章将会有更多关于赤足跑步的介绍，在第 6 ～ 8 章中也会将赤足跑步作为改善跑步模式的训练工具。

为什么提高步频这样简单的方法就能带来更好的跑步机制呢？较高的步频可以使足部在初次触地时距离身体更近。这就防止了脚跟触地距离和 SAT 过大，同时也缩短了支撑期的制动阶段。较高的步频还会限制初次触地时的踝关节背屈度（换言之，就是降低脚跟触地强度）。跑者没有时间先用脚跟触地，再将全脚掌落在地面上，最后保持支撑阶段，因为在较高的步频下没时间做这些多余的动作（相较于全脚掌触地再跃向前方）。

在较高的步频下使用全脚掌或前脚掌触地，下肢的动作更像是弹簧落地的状态——触地时腿部不伸直，膝关节更加弯曲，足部中立或轻微跖屈。这会使腿部承受的冲击力分布得更加均匀，并减小腿部冲击力的峰值负载率。

当足部更加接近身体重心时，髋部倾向于处于中立的位置。相较于较远的脚跟触地距离和较大的 SAT，髋部的弯曲程度较小。因此，控制髋部内收的肌肉和筋膜（即臀中肌和髂胫束）具有更好的力学机制优势，并位于能够更加有力地控制髋部内收的位置上。这便是较短的脚跟触地距离、较小的 SAT 和较高的步频能更好地控制大腿和膝关节，从而减小髋部内收程度和膝关节处冲击力的另一个原因。

步频和 SAT 自然联系在一起：当一个跑者使用较大的 SAT 时，很难具有较高的步频。如果跑者的 ROS 过小，也无法具有较高步频，因为这会拉长脚跟触地距离，从而增加每一步让身体向上、越过足部的时间，延长步态中的支撑时间，并自动降低步频。在跑者们以每分钟 180 步的步频跑步的研究中，步频的提高导致了 SAT 的减小，这种减小可以归因于脚跟触地距离的减小。反过来，能够减小 SAT 的训练干预也应当能够自然地提高步频。总之，步频的提高和 ROS 的增大及 SAT 的减小，可以有效地促进损伤风险的降低。考虑到当今跑者们的高损伤率，让跑者在训练中加入优化步频、ROS 和 SAT 的练习是非常必要的。

据称，尽管从脚跟触地到全脚掌触地的方式的转变会减轻脚跟、胫骨及膝关节处的压力，并且很可能降低发生脚跟疼痛、胫骨应力性骨折、膝关节不适和 ITBS 的风险，但它也会增加每一步中非脚跟部分和跟腱的工作量。这会暂时增大这些部位的损伤风险。因此，习惯采用脚跟触地方式的跑者不应突然转变为全脚掌触地，而应当经过几周的训练来逐步调整。

这种循序渐进的调整可以通过每天的训练或第 6 章介绍的全脚掌触地强化训练来完成。每日练习，经过几周之后，跑者的练习方法和跑步时自然采用的方法会逐渐趋同，最终通过加强足部、跟腱、小腿力量的方式达成一致，并且不会突然增大下肢区域的压力和工作量。

跑步模式和表现水平

迄今为止，将跑步模式的转变与真实比赛的表现水平联系起来的十分有用的研究是由莱纳·帕沃莱宁、海基·鲁斯科（Heikki Rusko）及他们的科研团队在芬兰于韦斯屈莱的奥林匹克运动研究所中进行的[22, 23]。在第一项研究中，鲁斯科及其同事将经验丰富的耐力跑者分为两组：爆发组和控制组。最初，这两组跑者具有相近的能力，并且接受了相同小时数的训练（每周 9 次，持续 9 周）。不同的是，爆发组每周有 3 小时用于由短距离冲刺、跳跃、跨栏、快速腿推举、高速腘绳肌弯举等运动组成的爆发力训练；控制组每周只用 15 分钟进行这些训练，其余时间则进行大量的传统耐力训练（包括中速稳步跑）。

经过 9 周的训练，控制组的最大耗氧量得到了提升，但 5 000 米跑的表现水平没有提高。相反，爆发组在最大耗氧量上没有提高，但他们的 5 000 米跑的时间缩短了约 30 秒（这是大部分跑者都愿意做出的妥协）。在研究过程中，爆发组取得了很多积极的变化，包括跑步效率和最大速度的提升（20 米冲刺跑的测量结果），跳跃测试中爆发性的提升和一个被称为 VMART（在跑步机上进行最大无氧跑步测试时达到的最高速度）的要素的改善。VMART 反映了在具有挑战性的项目中，长时间进行逐渐加快的间歇跑的能力，换言之，就是在高速跑步过程中的抗疲劳能力。

跑步效率和 VMART 的提升与 5 000 米的表现水平显著相关。VMART 的变化与触地时间减少或支撑时间的缩短密切相关。爆发组每步步态中支撑时间减少了约 10 毫秒，这对业余跑者来讲无疑是微不足道的。但这 10 毫秒是跑步期间"固定在地面上"的多余时间，也是在向前运动中浪费的时间。在跑步比赛中，这些额外的时间会累加。总而言之，在鲁斯科等人的研究中进行了相对长时间爆发力训练的跑者们缩减了支撑时间，并由此提高了步频这个关键的跑步模式和表现变量。因此，他们能够在 5 000 米跑中将用时缩短约 30 秒。

支撑的 3 个阶段

需要注意的是，支撑分为 3 个阶段。

1. 制动阶段，此时足部刚与地面接触并产生水平方向的制动力。
2. 垂直推进阶段，此时作用于地面的力的方向是垂直的。
3. 水平推进阶段，此时足部与地面的相互作用会产生水平方向上的向前的推进力，并将跑者的身体向前推进。

爆发力训练缩短了支撑时间。这很可能是因为神经系统的反应能力增强了，让跑者能够以更快的速度经过支撑的 3 个阶段，而不会削减水平和垂直方向的推进力。因此，它以一种积极的方式缩短了支撑时间。

在第二项研究中[24]，鲁斯科及其同事让 17 名男性耐力跑者参加 5 000 米计时赛和各种有关跑步能力的测试（包括对跑步效率的评估和 20 米冲刺跑）。他们发现跑者 5 000 米跑的表现水平与 20 米冲刺跑的速度和触地时间（支撑阶段）及 20 米冲刺跑中测得的步频显著相关。20 米冲刺跑的步频越高，支撑时间越短，5 000 米跑的速度就越快。

足部触地方式也与表现水平相关。研究发现，速度更快的耐力跑者更倾向于使用全脚掌或前脚掌触地的方式，而速度较慢的跑者更可能采用脚跟触地的方式[25]。实地观察也证明了高水平表现、全脚掌触地方式和较小 SAT 之间的联系。例如，肯尼亚精英耐力跑者倾向于使用 0 ~ 6 度的 SAT，而美国精英跑者跑步时的 SAT 常大于 6 度。此外，肯尼亚精英跑者更多地采用全脚掌触地的方式（图 4.7），而美国的精英跑者更倾向于使用脚跟触地的方式。

一项针对 2016 年全世界顶级表现水平的跑者的调查发现，男性跑者中，10 千米跑（公路赛）的前 30 名中有 24 人来自肯尼亚，没有来自美国的；女

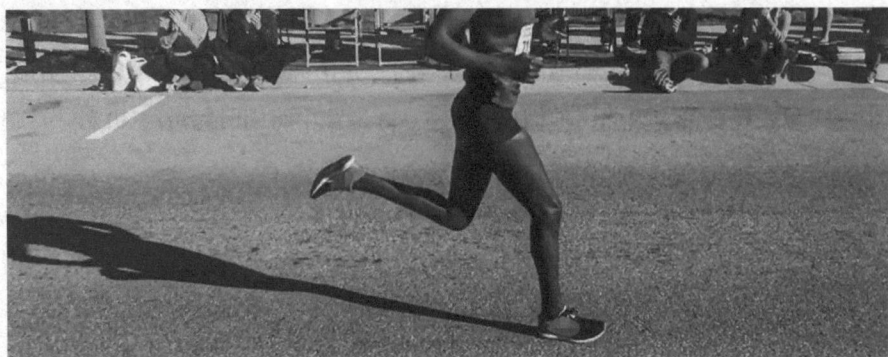

图 4.7　肯尼亚精英跑者玛丽·旺吉跑步时采用全脚掌触地方式，SAT 为 0 ～ 6 度

性跑者中，10 千米跑（公路赛）的前 30 名中有 18 名肯尼亚精英跑者（包括作者管理下的两名），美国精英跑者仅有两名。在马拉松方面，前 30 名中有 10 人为肯尼亚男性，无美国男性；有 8 名肯尼亚女性，无美国女性。这说明肯尼亚跑者较小的 SAT 和更明显的全脚掌触地方式在其超越美国跑者方面发挥了作用。简言之，好的跑步模式能带来好成绩。

跑步模式和跑步效率

跑步效率指以特定速度跑步时的氧气消耗量，它与耐力密切相关。通常，在比赛速度下，跑步时氧气消耗得越慢，跑步表现水平越高[26]。正如较短的支撑时间与较高的表现水平相关，鲁斯科的研究还将其与跑步效率的提升相关联[27, 28]。当然，较短的支撑时间与较小的 SAT 及全脚掌触地的方式也有关联，而不是脚跟触地的方式。这些关键的跑步模式要素都与跑步效率存在直接的联系。

总　结

你所选择的跑步模式会增加或降低你的损伤风险。跑步时使用过大的胫骨角度触地，用直腿触地，采用脚跟触地方式，用相对较小的角度扫腿及用中低步频，都会增加损伤的风险。

相反，跑步时使用 6 ～ 7 度的 SAT，足部初次触地时保持膝关节弯曲，采用全脚掌或前脚掌触地的方式，保持 ROS 约为 MSA 的 70% 及每分钟 180 步的步频，都可以降低损伤的风险。

这些增加损伤风险的因素同样会降低运动表现水平，因为它们会延长步态中的支撑时间，增大支撑期的制动力，降低步频。还需要提到的是，损伤会阻碍发挥优异表现的关键因素——持续训练。而这些降低损伤风险的因素也能明显提高表现水平，因为它们能够提高步频，缩短支撑时间，限制制动作用，并促进最优支撑阶段中最大推进力的产生。

参考文献

［1］ Running USA: Statistics(2014).

［2］ Ibid.

［3］ C.A. Macera et al., "Predicting Lower- Extremity Injuries Among Habitual Runners," *Archives of Internal Medicine* 149, no. 11 (1989): 2565–2568.

［4］ B. Heiderscheit, "Always on the Run," *Journal of Orthopaedic Sports Physical Therapy* 44, no. 10 （2014）: 724–726.

［5］ I. Davis et al., "Greater Vertical Impact Loading in Female Runners with Medically Diagnosed Injuries: A Prospective Investigation," (2016).

［6］ A.I. Daoud et al., "Foot Strike and Injury Rates in Endurance Runners: A Retrospective Study," *Medicine & Science in Sports and Exercise* 44, no. 7 (2012): 1325–1334.

［7］ Ibid.

［8］ C.E. Milner et al., "Biomechanical Factors Associated With Tibial Stress Fracture in Female Runners," *Medicine & Science in Sports and Exercise* 38 (2006): 323–328.

［9］ M.B. Schaffler, E.L. Radin, and D.B. Burr, "Mechanical and Morphological Effects of Strain Rate on Fatigue of Compact Bone," *Bone* 10, no. 3 (1989): 207–214.

［10］ Y. Shih, K.L. Lin, and T.Y. Shiang, "Is the Foot Striking Pattern More Important Than Barefoot or Shod Conditions in Running?" *Gait Posture* 38, no. 3 (2013): 490–494.

［11］ R.L. Lenhart et al., "Increasing Running Step Rate Reduces Patellofemoral Joint Forces," *Medicine & Science in Sports and Exercise* 46, no. 3 (2014): 557–564.

［12］ B. Heiderscheit et al., "The Effects of Step Rate Manipulation on Joint Mechanics During Running," *Medicine & Science in Sports and Exercise* 42, no. 2 (2011): 296–302.

［13］ Walter Reynolds, personal communication, June 6, 2017.

[14] Ibid.

[15] J.F. Hafer et al., "The Effect of a Cadence Retraining Protocol on Running Biomechanics and Efficiency: A Pi lot Study," *Journal of Sports Sciences* 33, no. 7 (2014): 1–8.

[16] J.D. Willson and I.S. Davis, "Lower Extremity Mechanics of Females With and Without Patellofemoral Pain Across Activities With Progressively Greater Task Demands," *Clinical Biomechanics* 23, no. 2 (2008): 203–211.

[17] B. Noehren, I. Davis, and J. Hamill, "Prospective Study of the Biomechanical Factors Associated With Iliotibial Band Syndrome," *Clinical Biomechanics, 27*, no. 4 (2007): 366–371.

[18] M.B. Pohl et al., "Biomechanical Predictors of Retrospective Tibial Stress Fractures in Runners," *Journal of Biomechanics* 41, no. 6 (2008): 1160–1165.

[19] J.F. Hafer, "The Effect of a Cadence Retraining Protocol on Running Biomechanics and Efficiency: A Pi lot Study," *Journal of Sports Sciences* 33, no. 7(2015): 724–731.

[20] B.C. Heiderscheit, "Effects of Step Rate Manipulation on Joint Mechanics During Running," *Medicine & Science in Sports and Exercise*, 43 no. 2 (2011): 296–302.

[21] R. Squadrone, and C. Gallozzi, "Biomechanical and Physiological Comparison of Barefoot and Two Shod Conditions in Experienced Barefoot Runners," *The Journal of Sports Medicine and Physical Fitness* 49, no. 1 (2009): 6–13.

[22] L. Paavolainen et al., "Explosive- Strength Training Improves 5-km Running Time by Improving Running Economy and Muscle Power," *Journal of Applied Physiology* 86, no. 5 (1999): 1527–1533.

[23] L.M. Paavolainen, A.T. Nummela, and H.T. Rusko, "Neuromuscular Characteristics and Muscle Power as Determinants of 5-km Running Performance," *Medicine & Science in Sports and Exercise* 31, no. 1 (1999): 124–130.

[24] Ibid.

[25] H. Hasegawa, T. Yamauchi, and W.J. Kraemer, "Foot Strike Patterns of Runners at the 15-km Point During an Elite- Level Half Marathon," *Journal of Strength & Conditioning Research* 21, no. 3 (2007): 888–893.

[26] K.R. Barnes and A.E. Kilding, "Strategies to Improve Running Economy," *Sports Medicine* 45, no. 1 (2015): 37–56.

[27] J. Santos- Concejero et al., "Influence of the Biomechanical Variables of the Gait Cycle in Running Economy," *International Journal of Sport Science* 36 (2014): 95–108.

[28] J. Santos- Concejero et al., "Differences in Ground Contact Time Explain the Less Efficient Running Economy in North African Runners," *Biol. Sport* 30 (2013): 181–187.

第二部分

跑步模式的
评估与改良

第 5 章

评估跑步模式

跑步模式评估的 6 个关键要素是对运动表现水平、跑步效率和损伤风险影响最大的要素。因此，这 6 个要素应当通过视频分析进行仔细的测量。

1. 确认步态摆动阶段中腿部向身体前方运动的距离，并由此计算 MSA。
2. 测量 SAT。
3. 测量 FAT。
4. 计算 ROS。
5. 测量 ROS 和 MSA 之比（ROS / MSA）。
6. 评估姿势。

视频分析要用到带有视频功能的智能手机或摄像器材。这些设备的品牌并不重要，只要其摄像速度能够达到每秒 240 帧就可以了。

请记住，确定 MSA、ROS、SAT 和 FAT 的准确数值非常关键。如果无法确定跑者足部触地的时间，就无法精确评估 SAT 和 FAT。

例如，一名跑者以每分钟 180 步（即每秒 3 步）的步频向前运动。在该跑者跑步期间，拍摄视频的目标是"看到"每只脚触地的确切时刻，也就是步态中支撑阶段开始的那一瞬间，只有这样才可以测量 SAT 和 FAT。想象一下，如果摄像设备仅以每秒 30 帧的速度拍摄画面，那将发生什么？这意味着大约每 33.33 毫秒抓拍一次画面。

这样看起来好像是有足够多的连续镜头。但是如果摄像设备每秒仅能抓拍 30 帧，就无法区别拍摄到的足部触地的第一帧显示的是初次触地的那一瞬间，还是足部触地后的几毫秒。在实际初次触地后的几毫秒，跑者的身体可能已经明显向前移动了，因此此时的胫骨角度可能已经发生了很大的变化。换言之，此时测得的 SAT 可能是错误的。

现在，试想一下使用摄像速度能达到每秒 240 帧的设备拍摄同样的场景。每次拍摄画面的间隔不再是约 33.33 毫秒，而是约 4.17 毫秒。通常情况下，测量 SAT 时，以每秒 30 帧拍摄的视频每帧会减少约 16 毫秒，而以每秒 240 帧拍摄的视频每帧只会减少约 2 毫秒。当然是以每秒 240 帧拍摄视频的精确度更高。

拍摄连续视频

想要进行跑步模式的评估，需要找到一个能让被分析的跑者以自由方式奔跑 60 米左右的平地。在进行实验时，拍摄者应位于跑道半程且距离跑者足够远的位置，以便跑者经过时能够捕捉到跑者全身的影像。跑者应该从左向右（或从右向左）运动，拍摄者拍摄跑者奔跑时的侧视图。拍摄者所处的位置要确保当跑者经过时能捕捉到他的两只脚迈步的动作（一左一右）——可以让跑者先跑一次，再检查拍摄到的视频来确认位置。视频中拍摄到的步数最多应为 3 步，如果能够拍到 4 步，说明拍摄者距离跑者过远。

让跑者从 60 米跑道的一端开始，以非常自然的方式跑过拍摄者。需要强调的是，跑者应当放松，用自己正常的运动方式奔跑。跑者进行全面热身后，应以轻松的步伐跑过拍摄者。在跑者经过时，拍摄者从右向左，或从左向右拍摄视频。再次确认已正确拍摄视频，且视频中至少抓拍到了两步。保存视频以供后期分析。

再重复该过程两次：一次跑者以中等速度（如果可以，用近似于马拉松的速度或至少比 10 000 米跑的速度稍慢）跑，一次跑者以较快速度（长跑选手的 5 000 米跑速度或更快速度，中长跑选手的 1 500 米速度或更快速度）跑。检查这 3 个视频，确保每个视频中都完整记录了 2 ~ 3 次触地动作。

检查图像质量，尤其是足部与地面接触时的图像的清晰度。如果足部在视频里看起来很小或没有聚焦，就需要拍摄者站在距离跑者经过时更近的位置重新拍摄 3 个视频。

准备完毕，开始分析。

分析视频

仅观看拍摄的视频就能发现很多信息，尤其是慢镜头。但是还需要用一个应用程序对拍摄的视频进行适当的分析，并精确评估与测量姿势和 4 个跑步模式关键要素：MSA、ROS、SAT 和 FAT。市场上有很多不同的应用程序可供选择。

将选定的应用程序安装到智能手机上，就可以进行分析了。从拍摄的第一个慢速跑视频开始。使用应用程序打开视频，一帧一帧地播放，直到确认找到一条腿向前摆动到最大幅度（右腿或左腿均可，只要是在视频中看到的向前摆动的腿）的画面。向前或向后拖动视频播放进度条，确认最大摆动点，并由此确认 MSA。

一旦确认找到一条腿向前的最大摆动点，就可测量 MSA 了。使用展示向前最大摆动点的这帧画面，以及另外下载的角度测量工具，以跑者的膝关节中心为起点，沿小腿向下画一条穿过足部的线。确保这条线笔直地穿过小腿中部（图5.1）——不要让它与腿部"分开"。这条线可以在足部略靠下的位置结束，但要确保它经过膝关节中心与足部。

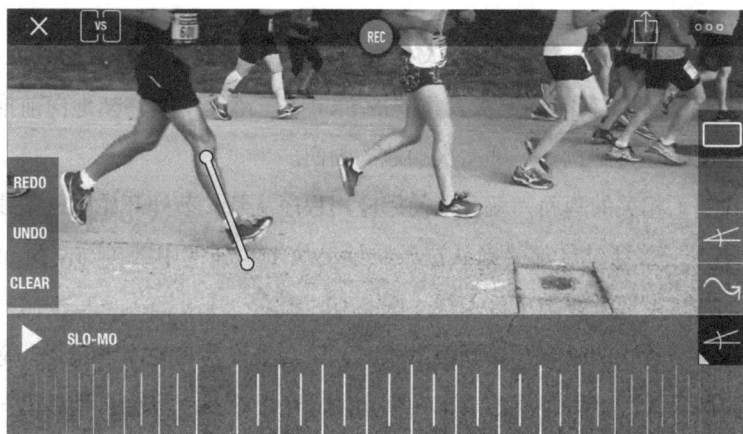

注：REC 为录像，REDO 为重放，UNDO 为撤销，CLEAR 为清除，SLO-MO 为慢速。
图 5.1　画一条线笔直地穿过小腿中部

现在可以画出用于测量 MSA 的第二条线。这条线是从第一条线的底端开始的，平行于地面并笔直向前延伸。两条线会在足部下方相交，并形成一个角度（图 5.2），角度测量工具就会自动测量这个角度。

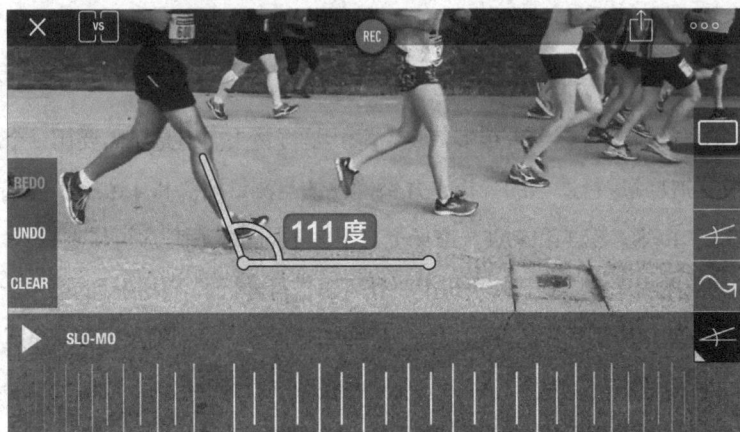

注：REC 为录像，REDO 为重放，UNDO 为撤销，CLEAR 为清除，SLO-MO 为慢速。
图 5.2　从第一条线的底端开始画第二条线，与地面平行，笔直向前延伸

此时就可以确定 MSA：用已测得的角度减去 90 度。例如，图 5.2 中，在身体前方最远位置测得的胫骨角度为 111 度，这种情况很常见，则 MSA 为 21 度（111 度减 90 度）。

测量 SAT

确定 MSA 之后，就能确定极其重要的 SAT 了。继续一帧一帧地向前拖动视频播放进度条，直到找到足部初次触地的画面。

一旦找到了相关的画面，就可以使用应用程序从膝关节处开始画一条线，向下穿过小腿，并穿过足部。确认这条线始终位于小腿的中部（与测量 MSA 时相同），并在足部下方结束这条线（图 5.3）。

然后从第一条线的底端开始画第二条线，第二条线要与地面平行，并笔直向前延伸。两条线画好后，就形成了一个角度。角度测量工具会自动给出角度值。用这个角度值减去 90 度，即得到 SAT。

注：REC 为录像，REDO 为重放，UNDO 为撤销，CLEAR 为清除，SLO-MO 为慢速。
图 5.3　一旦找到足部初次触地的确切时刻，即从膝关节画一条线穿过小腿、足部，直达地面

　　该情况下，触地时两条线形成的角度为 108 度（图 5.4）。则 SAT 为 18 度（108 度减 90 度）。18 度的 SAT 听起来好像比较大，但实际非常普遍。不幸的是，18 度的 SAT 通常意味着跑者是直腿触地，这个关键的跑步模式缺陷会增大冲击力、增加损伤风险，并带来更大的制动力，从而导致速度变慢。

注：REC 为录像，REDO 为重放，UNDO 为撤销，CLEAR 为清除，SLO-MO 为慢速。
图 5.4　使用两条线测量 SAT，一条线沿腿部向下，另一条线从第一条线的底部开始，与地面平行

测量 FAT

现在可以测量 FAT 了。首先从足部初次触地（即测量 SAT 的时刻）的那个点开始，沿着足部画一条线。这条线从脚跟底部开始，穿过脚趾底部（或穿过跑鞋的相应部分），然后再从触地点（脚跟或前脚掌）开始，画一条与地面平行的线（图 5.5）。这两条线形成的角度即为 FAT。如果踝关节在足部初次触地时背屈，则 FAT 为正；如果触地时踝关节跖屈，则 FAT 为负（图 5.6）。

然后，测量另一条腿的 MSA、SAT 和 FAT，再在中速跑和快速跑视频中进行上述角度的测量。将以上所有角度值记录在表格（表 5.1）中。所有这些角度对于改进跑步模式都很重要。

图 5.5　要确定 FAT，首先沿着足部画一条线，从脚跟底部开始，穿过脚趾底部。然后从脚跟处开始，画平行于地面的第二条线。触地时踝关节背屈，则 FAT 为正

图 5.6　要确定 FAT，首先沿着足部画一条线，从脚趾底部延伸至脚跟底部。然后从脚趾处开始，画平行于地面的第二条线。触地时踝关节跖屈，则 FAT 为负

表 5.1

右腿和左腿的跑步模式要素

测量项目	右腿	左腿
MSA		
SAT		
ROS		
ROS / MSA		
FAT		

源自：Anderson, 2018, *Running Form: How to Run Faster and Prevent Injury*（Champaign, IL: Human Kinetics）.

计算 ROS 和 ROS / MSA 的值

如上所述，ROS 就是 MSA 与 SAT 的差值（ROS = MSA – SAT）。例如，如果 MSA 是 18 度，SAT 为 12 度，则 ROS 为 6 度（18 度减 12 度）。确定 3 种速度下两条腿的 ROS，并将其记录在表 5.1 中。

计算 ROS / MSA 的值也很简单：用 ROS 除以 MSA。在示例中，ROS / MSA 的值约为 0.33。从另一个角度来理解，我们可以认为实现 MSA 后，跑者的腿在触地之前向后扫了约 33%（反向摆动约 33%）。这是一个非常关键的数据，虽然较小的 ROS / MSA 值会导致传递给地面的动能很小，但该值过大，即使比较少见，从产生最佳推进力的角度来看，也可能让腿部处于不利位置。最佳的 ROS / MSA 的值为 0.70 ～ 0.75。

比较 3 个视频

完整填写表 5.1 能够帮助跑者深入分析当前的跑步模式。当跑者随着时间的推移，形成更好的跑步模式时，一张新的表格也随之产生。这样，跑者就能够用一种客观、量化的方式改进自己的跑步模式。

另外，跑者的右腿和左腿的数据有可能存在很大的差别。这其实完全正常：很少有跑者两条腿的功能相当。大部分跑者——即使是博尔特——都是一条腿快、一条腿慢，一条腿的模式优于另一条腿。从运动表现水平的提升和预防损伤的角度来看，了解这一点非常重要。在掌握了所需的正确跑步模式的概念和量化工具后，跑者可以用心提升两条腿的表现水平，并对较慢的一条腿给予更多的关注。

一般来讲，右腿的 SAT 为 6～8 度，而左腿为 2 度（图 5.7 和图 5.8）。在进行跑步模式训练时，跑者可以更重视提高左腿与右腿的一致性。MSA、ROS 和 FAT 方面也可能出现类似的情况。但通过视频分析和适当的训练，跑者可以优化双腿的功能，并使两条腿的表现水平相当。

设定跑步模式目标

除非你已经掌握了最佳的跑步模式，否则你应该继续训练。如果你是一

注：REC 为录像，REDO 为重放，UNDO 为撤销，CLEAR 为清除，SLO-MO 为慢速。
图 5.7　该精英跑者右腿的 SAT 为 8 度

注：REC 为录像，REDO 为重放，UNDO 为撤销，CLEAR 为清除，SLO-MO 为慢速。
图 5.8 该跑者左腿的 SAT 为 2 度（通过使用本书的训练方法，该跑者两条腿的 SAT 可统一至 6 度左右）

名长跑跑者，则最佳 SAT 为 6 ~ 7 度，最佳的 ROS / MSA 值为 0.70 ~ 0.75。这是你应当使用本书后续章节中介绍的跑步模式的改进方法和技术来努力达到的数值。你还可以将这些方法融入训练，以使 FAT 为 0 度或略微负的角度。请注意，MSA 实际是受跑步速度影响的——速度越快，MSA 越大。但是最优 SAT 和 ROS / MSA 值不随跑步速度而改变——始终分别为 6 ~ 7 度和 0.70 ~ 0.75。

如果你是一名短跑跑者，FAT、MSA、ROS 的最优值就完全不同了。FAT 为更小的负值，因为触地时踝关节的跖屈程度更大，并且初次触地时使用的是足部的前半部分。MSA 可能有 34 度之大，而 ROS 可能高达 28 度，以便产生冲刺所需的更快的速度。但是，SAT 仍为 6 ~ 7 度。

评估姿势

要评估姿势，应选取视频中跑者支撑中期的一个时刻，并使用应用程序在跑者身体上定位四个点：髋部中心、胸部中心、颈部中心、头部中心。然后从髋部中心开始画一条直线连接至胸部中心，再从胸部中心画一条直线到头部中心。

姿势良好时，两条线应当重合——也就是胸部中心应当出现在髋部中心和头部中心相连的直线上。更常见的情况是，相比于髋部中心到胸部中心的连线，从胸部中心到头部中心的连线向前倾斜得更多（图5.9），这会产生有损运动表现的问题。

包含三个点（髋部中心、胸部中心和头部中心）的理想化的完整的直线，应当略微向前倾斜（图5.10）。无须对此感到疑惑。从胸部中心到头部中心的线，相对于从胸部中心到髋部中心的线向前倾斜得更多的情况是不好的。两条线连成一条直线并整体略微向前倾斜才是正确的。这样的姿势有助于身体在步态支撑阶段向前运动，而不仅仅是向上运动。

由于姿势可能不太稳定，因此要在支撑的不同阶段及三种速度下确定每条腿的摆动姿势。注意两腿之间的所有差别或步态周期中姿势的明显变化。第10章将详细介绍能够改进姿势的训练方法和技术。

图5.9 不良姿势会产生两条非连续的直线，一条从髋部中心到胸部中心，另一条从胸部中心到头部中心

图5.10 良好的姿势中，穿过髋部中心、胸部中心和头部中心的线可以连成一条直线，且整体略微向前倾斜

总 结

在掌握了正确评估跑步模式所需的所有技巧和工具后，跑者就可以用更直接的方式测量 MSA、SAT、FAT、ROS 和重要的 ROS / MSA 值，以及评估姿势。后续章节将会具体地介绍如何优化跑步模式，如何成为一名效率更高、速度更快、损伤风险更低的跑者。

第 6 章

改进足部触地方式

在跑步模式训练中，从脚跟触地转变为全脚掌触地只需要几秒。但是，完全的转变——在所有的跑步过程中都使用全脚掌触地方式——则需要几个月。

这并不是因为需要用如此长的时间才能学会怎样使用全脚掌触地。如上所述，大部分脚跟触地的跑者只要接受指导，几乎都能立即学会怎么使用全脚掌触地。但脚跟触地者进入实际训练时，未必会保持使用全脚掌触地。事实上，他们会恢复使用自己熟悉的脚跟触地方式。大部分跑者的神经肌肉系统都不会如此突然地做出跑步模式上的改变，即使其完全有能力这么做。

这种情况下，神经肌肉系统的固定模式成了一件好事。为什么脚跟触地的跑者不应当立即形成全脚掌触地的方式，并及时从脚跟触地中解脱出来呢？根本原因是从脚跟触地转变为全脚掌触地应当是一个长期的过程（因为可以提升表现水平、提高效率并降低损伤的风险），短时间内突然的转变则会导致一些身体上的问题。

当一名跑者以脚跟触地方式向前运动时，每一次触地时产生的冲击力都会以极快的速度直接穿过他的脚跟，上行至腿部并穿过膝关节。膝关节和髋部必须尽极大的努力做功，来承受、控制这些迅速施加的力。另外，胫部肌肉也会承受很大的压力，因为它控制着在脚跟触地后立即发生的足部对地面的向下拍打动作，这种拍打动作给胫部肌肉和肌腱都施加了很大的压力。脚跟触地时，小腿肌肉和跟腱仅承受中等程度的压力。

使用全脚掌触地时，力的模式有着很大的不同。每次触地时产生的力都会在足部和踝关节处迅速分散。由于跑者使用全脚掌触地，因此踝关节和足部没有向下拍打的动作（跖屈）。取而代之的是，触地后，踝关节立即开始背屈，使脚面更靠近胫骨，而不是远离胫骨。这会给跟腱和小腿肌肉复合体（腓肠肌和比目鱼肌）造成额外的压力，这两者必须协同工作，以防止每侧踝关节每分钟接近 90 次的过度背屈（假设步频为每分钟 180 步）。

使用全脚掌触地时，跟腱和小腿肌肉可以更多地参与每一步的动作。但如果你曾经是一名脚跟触地者，情况就完全不同了。在跑步中引进新的力量会给肌肉和结缔组织造成压力，尤其是在长达 1 个小时的跑步过程中，这些力要在每条腿上重复施加 5 400 次。这就解释了为什么一名传统的脚跟触地者，穿上一双简易的跑鞋（或突然转变为赤足跑步）跑步 60 分钟后，常常会在第二天一早醒来后感到小腿肌肉像吊桥的钢索一样紧绷，并且非常酸痛。在经历几个月甚至几年的脚跟触地训练后，小腿还没有准备好接受超过 5 000 次的折磨。这种痛苦的发生机制在于放弃传统的鞋跟增厚跑鞋而选择鞋跟较薄的简易跑鞋，这通常会使跑者自然而然地改用全脚掌触地。

太多、太快的危险

从脚跟触地到全脚掌触地的转变，可以解释几年前发生的事情。《天生就会跑》（*Born to Run*）一书引发了一阵赤足跑步的热潮，无数跑者光着脚在公路或者小道上奔跑[1]，这种做法引发了跟腱炎、小腿疼痛、小腿及相关部位肌肉紧绷，甚至是足部跖骨的炎症和应激反应（图 6.1）。最终很多跑者得出结论：赤足跑步并不像书中所说的那么神奇。

当然，困难并不在于赤足跑步本身（甚至不在于逐渐形成对全脚掌触地的依赖），而是在于从穿鞋跑到不穿鞋跑（由此带来的脚跟触地到全脚掌触地）的急剧转变。如果想要将损伤风险降到最低，就需要缓慢而谨慎地改变训练方法，从而优化跑步模式。"谨慎地改变"意味着循序渐进地适应全脚掌触地的方式，而不是突然在训练方案中加入富有挑战性的（使用全脚掌触地的）60

分钟跑。

对全脚掌触地方式的一个批评
是，它改变了腿部的"热点"（最
大限度感受到冲击力和每一步需要
做更多功的位置），并将潜在损伤
部位从常规的脚跟触地的相关损伤
区域（如脚跟、胫骨、膝关节和髋
部），转变为可能与全脚掌触地相
关的损伤区域（如跟腱、小腿和跖
骨）。有关快速从脚跟触地方式转
变为全脚掌触地方式的研究，也支
持以上观点。确实，如果让一组脚
跟触地跑者参与一个全脚掌触地训
练方案，并强行让他们使用全脚掌
触地的方式去跑步，大部分跑者会
在相对较短的时间内受伤。而且，

图 6.1　转变为赤足跑步的确可以改善跑步模式、提高跑步效率，但如果转变得太突然，也会导致跟腱、小腿甚至跖骨暂时性地出现问题

大部分损伤都发生在腿部下半部分后侧和足部的跖骨处，这些部位代替脚跟成
为支撑初始阶段的"初始冲击接收器"。但是，笔者认为全脚掌触地与高损伤
风险相关的结论并不正确。

如果一个从来不做肱二头肌弯举的人，突然用极重的哑铃完成了 100 次肱
二头肌弯举，并在第二天感到肱二头肌疼痛，得出的结论应该是肱二头肌弯
举导致了疼痛吗？当然不是，应当得出的结论是，弯举的数量——不是弯举本
身——引起了疼痛。损伤与否取决于训练量、参与该运动的肌肉和相关结缔组
织的潜在力量及冲击力的大小和负载率。

这就是为什么脚跟触地方式在损伤问题中饱受争议。相较于全脚掌触地，
使用脚跟触地时，腿部的冲击力负载率更高。这就意味着肌肉和结缔组织对力
的反应时间更短，它们会暴露在与地面的每一次冲击之下。与全脚掌触地相
比，使用脚跟触地时，达到初始冲击力峰值的时间更短。

如果你难以理解这个概念，尝试这样考虑：你愿意用锤子，而且用你身体重力 3 倍的力突然敲打胫骨的底部（小腿骨的主要部分），还是愿意让这种力渐进地施加在胫骨上？这里的"突然敲打"就像使用脚跟触地时的情形，而逐渐施加的力就像使用全脚掌触地时的情形（记住，脚跟触地时冲击力会以更快的速度向腿部上方传递）。

需要记住的另一个关键点是，脚跟触地跑者触地时腿通常较直，触地时足部位于身体前方的较远处。而全脚掌触地跑者触地时，足部距离身体和身体的重心更近，膝关节适当弯曲。

哪种触地方式更缓和，在高速下向腿部传递的冲击力更小呢？脚跟触地就好像用一根硬杆高速锤击地面，而全脚掌触地就像落在一根反应灵敏的弹簧上（通过踝关节背屈和膝关节弯曲提供弹性）。

如果你仍然相信使用全脚掌触地会导致与使用脚跟触地相近甚至更高的损伤率，可以这样考虑：想象你站在比水泥路面高 24 英寸（60.96 厘米）的路边，准备向下跳到路面上，而且必须单脚落地（和跑步时的动作一样）。你是愿意使用挺直且僵硬的双腿和脚跟触地，还是愿意使用全脚掌触地，并且通过膝关节弯曲和踝关节背屈来减缓冲击力呢？哪种方法会带来更大的损伤风险？你还愿意用脚跟触地的方式跑步吗？

转变至全脚掌触地的练习

以下练习能够帮助你从脚跟触地转变为全脚掌触地。请注意，练习初期应当赤足跑步，以便产生明确的本体感受，并更好地感受全脚掌触地的方式。这有助于跑者在穿鞋训练和比赛期间保持使用全脚掌触地。所有练习的持续时间都以分钟为单位，并且膝关节都应保持柔软、弯曲。

第一阶段：赤足（原地行走—原地慢跑）

活动	持续时间 / 分
全脚掌触地原地行走	1
全脚掌触地原地慢跑	4×1，两组之间进行短暂休息

　　原地行走和慢跑都应以每分钟 180 步的频率完成（如是精英跑者则为每分钟 190 步），使用节拍器或智能手机上的节拍器应用程序加以确认。在开始整体训练的主体部分之前进行这些练习。一周内约进行 5 次练习，或者直到跑者完全确定已经能够赤足使用全脚掌触地的方式完成以上两项活动，此时就可以进入第二阶段。

　　非常重要：原地慢跑时，确保使用足部的中间部分最先触地，然后在全脚掌触地后立即以脚跟触地（是的，每一步都要用脚跟触地，但是是在脚掌中部已经触地之后）。

第二阶段：穿跑鞋（原地行走—原地慢跑）

活动	持续时间 / 分
全脚掌触地原地行走	1
全脚掌触地原地慢跑	4×1，两组之间进行短暂休息

　　原地行走和慢跑都应以每分钟 180 步的频率完成（如是精英跑者则为每分钟 190 步），使用节拍器或智能手机上的节拍器应用程序加以确认。在开始整体训练的主体部分之前进行这些练习。一周内约进行 5 次练习，或者直到跑者完全确定已经能够穿着跑鞋使用全脚掌触地的方式完成以上两项活动，此时就可以进入第三阶段。

　　非常重要：原地慢跑时，确保使用足部的中间部分最先触地，然后在全脚掌触地后立即以脚跟触地（是的，每一步都要用脚跟触地，但是是在脚掌中部已经触地之后）。

第三阶段：赤足（原地慢跑—向前慢跑）

活动	持续时间 / 分
全脚掌触地原地慢跑	1
全脚掌触地使用婴儿步向前慢跑	4 × 1，两组之间进行短暂休息

原地慢跑和向前慢跑都应以每分钟 180 步的频率完成（如是精英跑者则为每分钟 190 步），使用节拍器或智能手机上的节拍器应用程序加以确认。一周内约进行 5 次练习，或者直到跑者完全确定已经能够赤足使用全脚掌触地的方式完成以上两项活动，此时就可以进入第四阶段。

非常重要：向前慢跑时，确保使用足部的中间部分最先触地，然后在全脚掌触地后立即以脚跟触地（是的，每一步都要用脚跟触地，但是是在脚掌中部已经触地之后）。

第四阶段：穿跑鞋（原地慢跑—向前慢跑）

活动	持续时间 / 分
全脚掌触地原地慢跑	1
全脚掌触地使用婴儿步向前慢跑	4 × 1，两组之间进行短暂休息

原地慢跑和向前慢跑都应以每分钟 180 步的频率完成（如是精英跑者则为每分钟 190 步），使用节拍器或智能手机上的节拍器应用程序加以确认。一周内约进行 5 次练习，或者直到跑者完全确定已经能够穿着跑鞋（或常规训练鞋）使用全脚掌触地的方式完成以上两项活动（如有需要，使用视频分析的方法进行确认），此时就可以进入更复杂的第五阶段。

非常重要：向前慢跑时，确保使用足部的中间部分最先触地，然后在全脚掌触地后立即以脚跟触地（是的，每一步都要用脚跟触地，但是是在脚掌中部已经触地之后）。

第五阶段：穿跑鞋快速跑

练习	距离 / 米	持续时间 / 秒	重复次数
1	200	120	1
2	200	90	1
3	200	60	1
4	200	45	2
5	200	30	2

注意：所有练习都使用全脚掌触地方式；非精英跑者步频为每分钟 180 步（精英跑者的步频为每分钟
190 步），使用节拍器确认步频；如有需要，使用视频分析应用程序确认跑者是否以全脚掌触地。
源自：Walt Reynolds, NovaSport Athlete Development.

　　第五阶段的注意事项：如果在前面任一阶段都不能以指定步频维持全脚掌触
地，则不可进入下一阶段的练习。例如，跑者在第四阶段中发现自己又恢复脚跟触
地的方式，或者无法维持规定步频，则不应尝试进入最终的第五阶段，而是应当在
第四阶段继续练习（可能多持续一个训练日），直到能够以指定步频维持全脚掌触
地的方式。

　　常观察到的情况是，跑者在练习中掌握了全脚掌触地的方式，但在训练中进行
快速跑时又会恢复使用脚跟触地。第五阶段就是教会跑者在快速跑时也能坚持使用
全脚掌触地。

　　请注意：各种跑步模式的练习以某种方式组织起来，就可以成为训练或比赛
前有效热身运动的一部分。如果在训练之前进行了练习，则可以直接从练习进入训
练。跑者应在训练过程中的较长一段时间内，逐渐地、越来越多地使用全脚掌触
地，这可降低足部、跟腱和小腿的损伤风险。例如，练习的第一周内，跑者可能仅
用平时训练（练习完成后的所有活动）10% 的时间着重使用全脚掌触地，其他时间
里还是使用之前习惯的方式。练习的第二周，跑者可用平时训练约 20% 的时间来有
意练习全脚掌触地，以此类推。

对 比 跑

每周两次，在充分热身后，使用对比跑作为补充练习，方法如下。

1. 以中等速度及每分钟 180 步的步频跑 50 米，触地时双腿伸直，膝关
　 节几乎不弯曲。

2. 休息片刻后，以中等速度及每分钟 180 步的步频跑 50 米，触地时保持膝关节柔软、轻微弯曲。

3. 休息片刻后，以中等速度及每分钟 180 步的步频跑 50 米，每步都使用脚跟触地并保持双腿僵直。

4. 短暂休息，然后以中等速度及每分钟 180 步的步频跑 50 米，触地时膝关节柔软且稍弯曲，确保每步都使用脚掌中部区域首先触地。

5. 重复步骤 1 至步骤 4。

首先，确保对比跑在柔软而宽敞的地面上进行，如草地、沙滩、健身房地板或塑胶跑道上。每个 50 米中，跑者应注意体会每种跑步模式的不同感觉，感受全脚掌触地如何使跑步更有弹性、更舒适。对比跑有助于优化如全脚掌触地、"弹性"腿及合理步频等跑步模式要素。

总 结

与脚跟触地相比，全脚掌触地降低了向腿部传递的冲击力的负载率，从而降低了损伤风险。但是，如果没有以谨慎而循序渐进的方式进行从脚跟触地向全脚掌触地的转变，实际上也会增加损伤的风险。5 个阶段的练习外加对比跑，可以让跑者逐渐从脚跟触地转变为全脚掌触地。当所做的练习让跑者在训练中逐渐改变（让跑者在训练中逐渐减少用脚跟触地的时间）时，练习与跑步就会融为一体，跑者就会成为一名完全成熟的全脚掌触地跑者，跑步速度会更快，损伤风险也会降低。

参考文献

[1] C. McDougall, *Born to Run* (Knopf, New York: Vintage, 2009).

第 7 章

改进触地胫骨角度

在练习中从脚跟触地变为全脚掌触地只需要几秒的时间。从较大的 SAT 转变为最佳的 6～7 度也一样简单。然而，完全的转变——以 6～7 度的 SAT 进行所有跑步运动——需要几个月的时间，这一点与从脚跟触地到全脚掌触地的转变类似（图 7.1）。

正如第 6 章所述，转变时间较长不是因为需要较长的时间学习如何以不同的跑步模式对地面做出反应。大部分具有较大 SAT 的跑者可以在练习中立即减小 SAT，但是他们常常无法在常规跑步中维持这种较小的 SAT。很多跑者在从练习变为跑步时，会将 SAT 再次增大，因为他们的神经肌肉系统已经习惯于产生较大的 SAT。人类的神经肌肉系统通常不适应跑步动力机制发生突然、完全的转变，即使他们本身具有这种转变的能力。

我们不该为此归咎于神经肌肉系统。毕竟从脚跟触地到全脚掌触地的转变，意味着 SAT 明显变小，而这会改变一切。SAT 变化时，腿部肌肉和结缔组织会以完全不同的方式工作：以较大 SAT 跑步时，相对不活跃的肌肉（尤其是小腿肌肉）会突然开始在每一步都承担很重的工作。

尽管从较大的 SAT 转变为 6～7 度的 SAT 非常有利，但是短期内发生急剧的变化确实会降低跑步效率并提高损伤风险。在使用较大的 SAT 跑步多年后，突然用较小的 SAT 跑 8 英里（约为 12.87 千米），会引起严重的小腿不适。

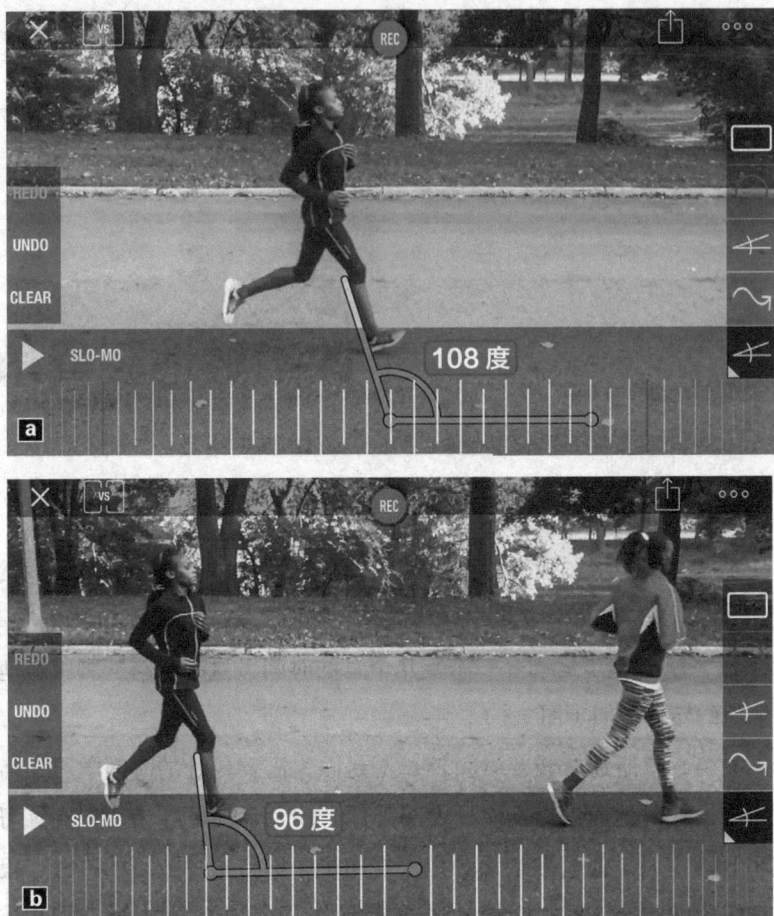

注：REC 为录像，REDO 为重放，UNDO 为撤销，CLEAR 为清除，SLO-MO 为慢速。

图 7.1　一名跑者从 a 图中的大 SAT 到 b 图中 6 度的 SAT 的完全转变，需要几个月的时间

突然改变 SAT 的危险

为什么循序渐进地减小 SAT 是个很好的理念，但突然改变 SAT 却是个糟糕的方法呢？触地时使用更加弯曲的膝关节，向后移动足部使其更靠近跑者身体重心的下方，不仅会改变 SAT，还会改变足部触地方式。尤其是移动足部使之更靠近身体重心的下方，让 SAT 更小，会促进跑者使用全脚掌触地，而非使用脚跟触地（图 7.2 和图 7.3）。

如果对此表示怀疑，你可以尝试以下简单的练习：以直立姿势站立，双脚位于肩膀的正下方，膝关节保持柔软（放松）并微微弯曲，然后开始原地跑步。你是否注意到双脚的中间部位（甚至脚掌跖球位置）是如何触地的？然后尝试用同样的姿势，使用脚跟触地方式原地跑步。你是否注意到这样很不舒服？将足部向后移动，使每一次触地时足部都更靠近身体重心的下方，这会很自然地使跑者使用全脚掌触地的方式（图 7.4）。

图 7.2　当跑者以脚跟触地方式和相对较直的腿触地时，SAT 通常很大

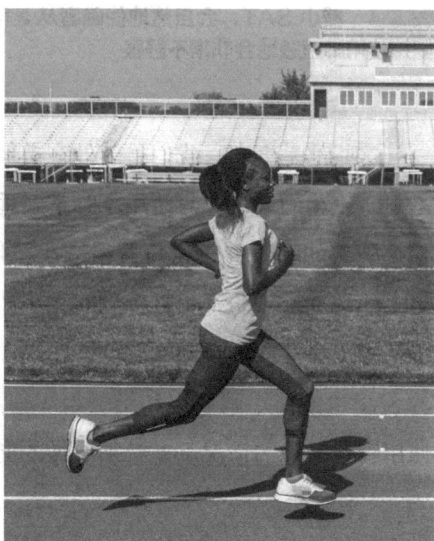

图 7.3　使用不太直的腿（膝关节处更弯曲）和较小的 SAT 触地时，跑者会从脚跟触地自动变为全脚掌触地

图 7.4　减小 SAT，会自然地使跑者从 a 图中的脚跟触地向 b 图中的全脚掌触地转变。坚持使用脚跟触地会非常不舒服

　　这些都是事实，我们目前处在类似于从脚跟触地变为全脚掌触地时的情景之下。较小的 SAT（与使用全脚掌触地方式向前运动有关）会导致穿过小腿和整个腿部的垂直冲击力负载率减小。使用更小的 SAT 也让膝关节和髋部得到更多的缓冲，预防了牛顿提到的大小相等、方向相反的极大的反作用力（每一步从脚跟直接向上传递到腿部，作用于膝关节和髋部的极大的冲击力）。较小的 SAT 也能使小腿肌肉和结缔组织得到缓冲，因为它们减少了在 SAT 较大和使用脚跟触地的情况下，必须要做的向下拍打的异常动作（图 7.5）。

图 7.5　脚跟触地后，当足部接触到地面，胫部肌肉会在努力控制足部的同时被拉伸。这种异常动作增加了胫骨、腓骨及小腿的肌肉和肌腱损伤的风险

用较小的 SAT 的缺点

将足部朝向身体移动并减小 SAT，会使小腿肌肉和跟腱从原本步态中的惰性依附体转变为膝关节以下最努力工作的部位，这一点非常重要。这是因为在 SAT 较小的情况下，脚踝在足部触地之后立即开始背屈，让脚面朝向胫骨运动，而不是朝着远离胫骨的方向运动（如同 SAT 较大时足部拍打地面的情况）。正如第 6 章所述，触地后的脚踝背屈向跟腱和小腿肌肉组合体（腓肠肌和比目鱼肌）施加了额外的压力，跟腱和小腿肌肉组合体必须协同工作，以控制每侧脚踝每分钟接近 90 次的背屈（假设合理的步频为每分钟 180 步）（图 7.6 和图 7.7）。

当然，跑者经过长时间练习后，可以让跟腱和小腿肌肉在每一步承担更多的工作，因为这些额外的工作可以逐渐强化下肢的这些关键部位的力量。但是，突然增加它们的工作压力，尤其是在每分钟每侧脚踝 90 次背屈的频率下，会给跟腱和小腿肌肉造成沉重负担，带来维持数天的酸痛和紧绷感（或维

图7.6　以脚跟触地且 SAT 较大时，触地后踝关节的初始动作都是跖屈，这种跖屈由施加在胫部肌肉和肌腱的较大的力来控制

图7.7　使用较小的 SAT（通常近似于全脚掌触地方式），触地后踝关节初始动作为背屈，这种背屈由施加在跟腱和小腿肌肉的较大的力来控制

持时间更长、更严重的小腿损伤）。

　　造成损伤的不是较小的 SAT（甚至不取决于全脚掌触地的程度），而是从较大 SAT 向较小 SAT 过大、过快的转变。正如第 6 章所述，方法和训练的转变总是需要以一种缓慢而谨慎的方式来进行，以便将损伤的风险最小化。试图减小 SAT 的跑者应当循序渐进地使用新的模式，而不应该期望在短时间内完全地改变。

　　对于大运动量的跑者来说，从较大的 SAT 逐步转变为 6～7 度的 SAT 尤为重要。有较大 SAT、平均每周跑 5 英里（约为 8.05 千米）的跑者，开始时可以在 20% 的里程［每周 1 英里（约为 1.61 千米）］内使用较小的 SAT，这样并不会带来负面影响。然而，平均每周跑 70 英里（约为 112.65 千米）的跑者，如果以较小的 SAT 完成 20% 的里程［每周 14 英里（约为 22.53 千米）］，尤其是这些里程都在一次跑步中完成的话，就会出现问题。跑者的小腿、跟腱和跖骨的损伤风险都会提高。

从较大 SAT 到较小 SAT 的改变会带来明显的益处（表 7.1）。正如前文所述，腿部的 VALR 会降低，膝关节和髋部能得到更多的休息，支撑阶段产生的制动力更少。支撑阶段用于产生制动力（与推进力方向相反的力）的时间会缩短，因此支撑阶段的大部分时间可用于将跑者向前推进。跑步效率提高，一方面是因为制动力减少，克服制动力所需的能量和氧气也随之减少；另一方面是因为制动阶段持续时间缩短，这会缩短支撑时间，且每一步支撑身体所需的氧气也因此减少。推进力会增大，因为腿部变得更有弹性，而增大的推进力会带来更好的表现潜力。损伤的风险也会降低，因为力负载率也有所下降。

表 7.1

较大 SAT 与较小 SAT 的相关因素

相关因素	较大 SAT	较小 SAT（6～7 度）
力负载率	高	降低（相对于较大 SAT，余同）
支撑期的制动力	大	减小
产生制动力消耗的时间	长	缩短
跑步效率	低	提升
克服制动力所需的能量和氧气	多	减少
支撑时间	更长	更短
步伐速度	更慢	更快
损伤风险	更高	更低

踩着大木槌跑步还是踩着弹簧跑步

需要记住的关键点是，有较大 SAT 的跑者通常触地时腿相对伸直，并且会在身体前方较远处落脚。相反，有着较小 SAT 的跑者，触地时足部距离身体（和身体重心）较近，而且相比脚跟触地者，他们的膝关节更"柔软"、更弯曲。较小的 SAT 能够使触地方式更温和，冲击力向腿部传输的速度更慢。以较大 SAT 快跑，会使跑者在每一步中用腿以很快的速度冲击地面，而用较小 SAT 快跑能将足部带回，让腿部像弹簧一样工作（图 7.8）。

相较于较小 SAT，较大 SAT 会将跑者置于更大的损伤风险之下。如果你对此仍存有疑虑，请考虑以下场景：你正在路上快跑，途中遇到一个障碍物，你必须向前跳过障碍物，落在障碍物前方 2 英尺（约 0.61 米）的水泥路上。你打算用很快的速度跳到水泥路上，而且以单脚落地。你是愿意用脚跟触地，让脚落在身体前方的较远处，腿部保持僵直，还是愿意使用全脚掌触地，让足部靠近身体，膝关节弯曲以减缓冲击力？哪种方案的损伤风险更高？

图 7.8 较小的 SAT 让腿部发挥类似弹簧的作用，而不必承受大冲击力

减小 SAT 的练习

接下来将介绍能够促进由较大 SAT 向较小 SAT 转变的练习。跑者一开始应当赤足进行这些练习，以产生合适的本体感觉，并更好地感受全脚掌触地方式和较小 SAT（图 7.9）。培养这种感受有助于跑者在训练和比赛中保持使用全脚掌触地和较小的 SAT。所有练习的持续时间都以分钟为单位。

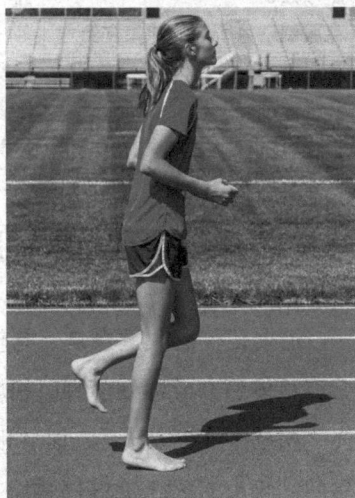

图 7.9 赤足慢跑有助于跑者学会以较小的 SAT 全脚掌触地

第一阶段：赤足（原地行走—原地慢跑—向前慢跑）

活动	持续时间 / 分	支撑
全脚掌触地，首次触地时使用较小 SAT，原地行走	1	柔软、弯曲的膝关节
使用全脚掌触地和较小的 SAT 原地慢跑	3	柔软、弯曲的膝关节
使用全脚掌触地和较小的 SAT 向前慢跑	3	柔软、弯曲的膝关节，较小的步伐

　　跑者应在开始整体训练的主体部分之前进行这些练习。一周内约进行 5 次练习，持续 2 周，或者直到跑者完全确定已经能够赤足以全脚掌触地的方式和较小的 SAT 完成以上 3 项活动。使用每秒 240 帧或更高帧率的智能手机或摄像机及视频分析应用程序对跑者的练习情况加以确认。此时可以进入第二阶段。

第二阶段：穿跑鞋（原地行走—原地慢跑—向前慢跑）

活动	持续时间 / 分	支撑
使用全脚掌触地和较小的 SAT 原地行走	1	柔软、弯曲的膝关节
使用全脚掌触地和较小的 SAT 原地慢跑	3	柔软、弯曲的膝关节
使用全脚掌触地和较小的 SAT 向前慢跑	3	柔软、弯曲的膝关节，较小的步伐

　　一周内约完成 5 次练习，持续 2 周，或者直到跑者完全确定已经能够穿着跑鞋以全脚掌触地和较小的 SAT 完成以上 3 项活动。使用每秒 240 帧或更高帧率的智能手机或摄像机及视频分析应用程序对跑者的练习情况加以确认。此时可以进入第三阶段。

第三阶段：赤足（原地慢跑—向前慢跑—向前跑）

活动	持续时间 / 分	支撑
使用全脚掌触地和较小的 SAT 原地慢跑	1	柔软、弯曲的膝关节
使用全脚掌触地和较小的 SAT 向前慢跑	3	柔软、弯曲的膝关节，较小的步伐
使用全脚掌触地和较小的 SAT 向前跑	3	柔软、弯曲的膝关节，较大的步伐

　　向前跑时，跑者应以中等至中高强度的速度（类似于半程马拉松到 10 千米跑的速度）移动。进行第三阶段的练习前需要适当热身。一周内约完成 5 次练习，持续 2 周，或者直到跑者完全确定已经能够赤足以全脚掌触地和较小的 SAT 完成以上3 项活动。使用每秒 240 帧或更高帧率的智能手机或摄像机及视频分析应用程序对跑者的练习情况加以确认。此时可以进入第四阶段。

第四阶段：穿跑鞋（原地慢跑—向前慢跑—向前跑）

活动	持续时间 / 分	支撑
使用全脚掌触地和较小的 SAT 原地慢跑	1	柔软、弯曲的膝关节
使用全脚掌触地和较小的 SAT 向前慢跑	3	柔软、弯曲的膝关节，较小的步伐
使用全脚掌触地和较小的 SAT 向前跑	3	柔软、弯曲的膝关节，较大的步伐

　　向前跑时，跑者应以中等至中高强度的速度（类似于半程马拉松到 10 千米跑的速度，或更快的速度）移动。进行第四阶段的练习前需要适当热身。一周内约完成 5 次练习，持续 2 周，或者直到跑者完全确定已经能够穿着跑鞋（或常规训练鞋），以全脚掌触地和较小的 SAT 完成以上 3 项活动。使用每秒 240 帧或更高帧率的智能手机或摄像机及视频分析应用程序对跑者的练习情况加以确认。此时就可以开始后续章节中介绍的更为复杂的练习。

　　每阶段练习需要用 7 分钟来完成。在其他训练（包括热身）中，逐步地、越来越多地使用全脚掌触地和较小的 SAT。例如，在练习的第一周，用常规训练时间的 10% 来着重以全脚掌触地的方式和较小的 SAT 跑步；其他时间以惯常方式跑步即可。练习的第二周，跑者可以用训练时间的 20% 来尝试以全脚掌触地的方式和较小的 SAT 跑步。以此类推。

对 比 跑

每周两次，跑者在充分热身后，使用对比跑进行补充练习，方法如下。

1. 以中等速度跑 50 米，保持双腿僵直，膝关节几乎不弯曲，触地点位于身体前方的远处（较大的 SAT）。
2. 休息片刻后，以中等速度跑 50 米，保持膝关节柔软、轻微弯曲。
3. 休息片刻后，以中等速度跑 50 米，每一步都保持双腿僵直，以脚跟触地，并采用较大的 SAT。
4. 短暂休息，然后以中等速度跑 50 米，保持膝关节柔软且轻微弯曲，确保每步都以全脚掌和较小的 SAT 触地。
5. 重复进行步骤 1 至步骤 4 两次。

首先，确保对比跑在柔软、宽敞的地面（如草地、沙滩、健身房地板或塑胶跑道）上进行。每个 50 米中，跑者应注意体会每种跑步模式的不同感觉——感受全脚掌触地方式和较小的 SAT 如何使跑步更有弹性，更加不费力，而且没有不适感。

总　结

每个跑者从较大的 SAT 到 6～7 度的 SAT 的转变速度都不同：有些跑者几乎立刻就能完成转变，有些跑者可能需要几个月的时间。本章中介绍的练习有助于促进跑者在这方面的转变。但是请记住，跑者不应尝试在短时间内将所有跑步活动都从较大的 SAT 完全转变为较小的 SAT，而是应当循序渐进地改变，以防跟腱、小腿肌肉和足部等损伤。随着每周的练习，跑者会逐渐地以练习中的模式跑步。这样，从较大的 SAT 向较小的 SAT 的转变就完成了。

第8章

缩短支撑时间，提高步频

想要跑得更快，就要通过缩短支撑时间（每一步消耗在地面上的时间）来提高步频（每分钟的步数）。毕竟，根据"步频 × 步幅 = 速度"这一公式，速度是由步频和步幅决定的。

速度用"米/秒"来表示，步频用"步/秒"来表示，步幅用"米/步"来表示。

可以这样理解缩短支撑时间是如何有助于跑者提高步频和提高速度的：一名跑者当前的 5 000 米跑平均成绩为 18 分钟，他想在此基础上有所提高。这名跑者当前的 5 000 米跑平均速度可以用以下方式计算：

$$5\ 000\ 米 \div 1\ 080\ 秒 \approx 4.63\ 米/秒$$

为了便于描述，我们认为这位跑者是典型参赛者，这意味着他在 5 000米内每分钟大约迈 164 步，则其步频约为 2.73 步/秒。前文已提到，步频 × 步幅 = 速度，则其当前 5 000 米跑的步幅可以用以下等式计算：

$$4.63\ 米/秒 \div 2.73\ 步/秒 \approx 1.70\ 米/步$$

现在可以确切地知道这名跑者 5 000 米跑的表现，以及应当通过在不降低步频的基础上加大步幅或在不减小步幅的基础上提高步频的方法来提高他的 5 000 米跑速度。当然，该跑者也可以同时采用两种方法，但最好还是先从简单的开始。

增大步幅还是提高步频

目前看来，增大步幅应该不是个好方法。一方面，例子中的跑者是典型参赛者，因此他很可能使用的是不正常且低效的较大 SAT。如果让他增大步幅，他很有可能每一步都把步子迈得更大，从而进一步加大 SAT，并因此加大触地时的制动力，延长步态中的支撑阶段。这无疑会降低步频，适得其反。另一方面，这样也会降低他的跑步效率（增加跑步时的氧气消耗量）。

而提高步频会带来完全不同的结果。事实是，为了达到更高的步频，这名跑者一开始会把步子迈得更小，这样可以缩短腿部和足部的腾空时间，更快地触地，以自然地提高步频。当跑者习惯了更高的步频后，步幅就会自然而然地恢复到以前的水平，尤其是如果跑者进行了本章介绍的其他运动和练习之后。这种恢复能够使跑者在 5 000 米跑中的表现水平有明显提升，因为在保持原有步幅的基础上，跑者每分钟迈出的步子更多。

假设这名跑者的步频从原来次优的每分钟 164 步（这个步频已经维持了好几年）转变为最优的每分钟 180 步（每秒 3 步），并且没有减小步幅。他现在的 5 000 米跑速度可以用以下方式计算：

$$3 \text{ 步 / 秒} \times 1.70 \text{ 米 / 步} = 5.1 \text{ 米 / 秒}$$

这看起来确实比以前的 5 000 米跑速度快得多。跑者 5 000 米跑的完成时间也会由原来的 18 分钟提升至约 16 分 20 秒！步频提升约 9.8%（在不缩短步幅的前提下），能使 5 000 米跑的速度有类似的较大提升，并使 5 000 米跑的完成时间缩短约 1 分 40 秒。

微调步频，成为更快的跑者

在不缩短步幅的基础上提高步频是非常重要的。这可以通过两种方式实现。第一种，通过整合练习——有些自相矛盾——暂时缩短步幅，让跑者用真正的婴儿步，使神经肌肉系统适应更快的步频。这种练习会在本章后面进行介绍。

第二种，跑者应当尝试提升在更短的足部触地（支撑阶段）时间内产生等同于平时的推进力的能力。由于产生了同样的推进力，所以步幅不会减小。但是因为在更短的时间内产生推进力，步频有所提升，跑者的速度就会比以前更快。

如果跑者能够用更短的支撑时间产生比平时更大的推进力，那就更好了，因为这能为跑步速度带来更大的提升。本章介绍的常规爆发力训练能够让跑者在更短的支撑时间内产生与平时相同（或更大）的推进力。

转变为更高步频的练习

下面将介绍能够帮助跑者向更高步频转变的练习。这些练习最初应当赤足完成，以便产生更好的本体感受，从而使跑者更好地感受地面的反作用时间。培养这种感受有助于跑者在训练和比赛期间保持更高的步频。所有练习的持续时间都以分为单位。每组练习都需要使用能发声的蜂鸣计时器，以帮助跑者保持每分钟 180 步的步频。每组练习中，跑者均需要保持膝关节柔软、弯曲。

第一阶段：赤足（原地行走—原地慢跑—向前慢跑）

活动	持续时间 / 分
使用全脚掌触地和较小的 SAT 原地行走	1
使用全脚掌触地和较小的 SAT 原地慢跑	3
使用全脚掌触地和较小的 SAT 小步向前慢跑	3

跑者应在开始整体训练的主体部分之前进行这些练习。一周内约进行 5 次练习，持续两周，或者直到跑者完全确定已经能够赤足以全脚掌触地、较小的 SAT 和每分钟 180 步的步频完成以上 3 项活动。使用每秒 240 帧或更高帧率的智能手机或摄像机及视频分析应用程序对跑者的练习情况加以确认。此时可以进入第二阶段。

第二阶段：穿跑鞋（原地行走—原地慢跑—向前慢跑）

活动	持续时间 / 分
使用全脚掌触地和较小的 SAT 原地行走	1
使用全脚掌触地和较小的 SAT 原地慢跑	3
使用全脚掌触地和较小的 SAT 小步向前慢跑	3

一周内约进行 5 次练习，持续两周，或者直到跑者完全确定已经能够穿着跑鞋以全脚掌触地、较小的 SAT 和每分钟 180 步的步频完成以上 3 项活动。使用每秒 240 帧或更高帧率的智能手机或摄像机及视频分析应用程序对跑者的练习情况加以确认。此时可以进入第三阶段。

第三阶段：赤足（原地行走—向前慢跑—向前跑）

活动	持续时间 / 分
使用全脚掌触地和较小的 SAT 原地行走	1
使用全脚掌触地和较小的 SAT 向前慢跑	3
使用全脚掌触地和较小的 SAT 向前跑	3

向前跑时，跑者应以中等至中高强度的速度（类似于半程马拉松到 10 千米跑的速度）移动。一周内约进行 5 次练习，持续两周，或者直到跑者完全确定已经能够赤足以全脚掌触地、较小的 SAT 和每分钟 180 步的步频完成以上 3 项活动。使用每秒 240 帧或更高帧率的智能手机或摄像机及视频分析应用程序对跑者的练习情况加以确认。此时可以进入第四阶段。

第四阶段：穿跑鞋（原地慢跑—向前慢跑—向前跑）

活动	持续时间 / 分
使用全脚掌触地和较小的 SAT 原地慢跑	1
使用全脚掌触地和较小的 SAT 向前慢跑	3
使用全脚掌触地和较小的 SAT 小步向前跑	3

向前跑时，跑者应以中等至中高强度的速度（类似于半程马拉松到 10 千米跑的速度）移动。一周内约进行 5 次练习，持续两周，或者直到跑者完全确定已经能够穿着跑鞋（或常规训练鞋）以全脚掌触地、较小的 SAT 和每分钟 180 步的步频完成以上 3 项活动。使用每秒 240 帧或更高帧率的智能手机或摄像机及视频分析应用程序对跑者的练习情况加以确认。

请注意：完成每阶段的练习都需要 7 分钟。跑者应在其他训练中，包括额外的热身活动中，逐步地、越来越多地使用全脚掌触地、较小的 SAT 和高步频。例如，在练习的第一周，用常规训练时间的 10% 来重点练习以全脚掌触地、较小的 SAT 和每分钟 180 步的步频跑步，其他时间正常跑步即可。练习的第二周，增加至使用训练时间的 20% 来练习以全脚掌触地、较小的 SAT 和每分钟 180 步的步频跑步。以此类推。如此，有助于在跑步模式转变期间，防止跖骨和小腿肌肉承受过大的压力。

对 比 跑

每周两次，跑者应在充分热身后，使用对比跑进行补充练习。首先，确保对比跑在柔软、宽敞的地面（如草地、沙滩、健身房地板或塑胶跑道）上进行。每个 1 分钟练习中，跑者应注意体会每种跑步模式的不同感觉——感受全脚掌触地、较小的 SAT 和高步频如何使跑步更有弹性、更舒适，且更不费力。

步频对比跑

1. 以中等速度、全脚掌触地、6 度的 SAT、每分钟 180 步的步频赤足跑步 1 分钟，使用节拍器控制步频。

2. 休息片刻后，以中等速度、全脚掌触地、6 度的 SAT、每分钟 200 步的步频赤足跑步 1 分钟。

3. 休息片刻后，重复步骤 1。

4. 穿上常规训练鞋或跑鞋，将步骤 1 至步骤 3 重复一次。

步频对比跑有助于跑者真实体验和感受不同步频的差别，使跑者能够养成以全脚掌触地、较小 SAT 和高步频跑步的习惯。练习的步频为每分钟 200 步，然后降低到每分钟 180 步，这对最终形成每分钟 180 步的步频尤其有效。

触地对比跑

1. 赤足，在非常柔软的地面（如草地）上，以每分钟 180 步的步频跑步 20 秒，并有意识地使用脚跟触地方式。

2. 休息片刻，然后（再次用赤足，在同样柔软的地面上）用每分钟 180 步的步频跑步 40 秒，有意识地使用全脚掌触地方式。

3. 在任意地面上，重复步骤 1 和步骤 2，这次穿常规训练鞋或跑鞋。

触地对比跑有助于跑者真实体验和感受脚跟触地和全脚掌触地的差别，使跑者能够养成以全脚掌触地和较小 SAT 跑步的习惯。从脚跟触地转变为全脚掌触地的练习，可以让跑者明显地体验到脚跟触地方式带来的不适感，以及使用脚跟触地方式带来的高冲击力负载率。

常规爆发力训练

设计常规爆发力训练的目的在于缩短支撑时间、提高步频，同时增大步幅。跑者进行常规爆发力训练时，请确保这些训练都在柔软、宽敞的地面（如柔软的土地、草地、带衬垫的人造草坪、塑胶跑道，或者健身房的木质地板）上完成。跑者在致力于直接提高跑步速度的训练阶段内，每周应完成约两次常规爆发力训练。在其他训练阶段中，跑者应减少进行常规爆发力训练的频率。尽管跑者可能想要把这些组合练习作为常规热身运动的一部分，但是，在形成良好的特定于跑步的力量基础之前，跑者不应进行这些爆发力训练（第 14 章）。

热 身

以 12 分钟轻快的跑步开始，轻轻拉伸紧绷区域。以 5 000 米跑的速度完成两组短距离（约 60 米）跨步跑。

跑 跳

1. 以相当快速的腿部动作，用脚掌跖球部位跑跳 30 秒（图 8.1）。
2. 跑跳时双脚在地面上的时间尽量短。
3. 休息片刻，重复以上步骤。

图 8.1 爆发式的跑跳有助于跑者提升缩短支撑时间的能力

双腿障碍跳

1. 将 8 个障碍物摆成一条直线，间距为 45 英寸（114.30 厘米），每个障碍物的高度为 12 英寸（30.48 厘米）。

2. 从一端开始，用双脚起跳和触地，连续跳过这 8 个障碍物（图 8.2）。动作尽量具有爆发性，使每次触地时的触地时间尽可能短。

3. 跳过最后一个障碍物后，慢跑回到起点。然后将以上整个过程重复 3 次。

避免在障碍物之间有多余的跳跃动作。跑者在每个障碍物之间只能触地一次。随着爆发力的提升，跑者可以增加重复次数，并将跳跃改为跑跳，且每次仅使用一条腿。

图 8.2　双腿障碍跳可以帮助跑者以较大的推进力增强爆发力，并在跑步时形成更高的步频和更长的步幅

单腿原地跳

1. 左腿在前，右腿在后站立。双脚前后分开，间距约等于胫骨长度，左右分开与髋部同宽。

2. 将右脚脚趾置于一个6～8英寸（15.24～20.32厘米）高的物体或台阶上。身体重心完全置于左脚脚掌上。

3. 用左脚以每秒2.5～3次（每10秒与地面接触25～30次）的频率快速跳跃，持续40秒（图8.3）。每次向上跳起时左膝应升高4～6英寸（10.16～15.24厘米），右腿和右脚保持稳定。左脚应以全脚掌触地并快速向上弹起，好像碰到了很烫的火炉。整个运动期间，髋部应保持水平，几乎不动，且基本不产生垂直位移。

4. 完成第一组后，休息片刻，然后用右腿重复单腿跳跃动作，持续40秒。再次休息后，两腿再各做一组练习。

图8.3 单腿原地跳能帮助跑者增强快速触地后的反作用力，并缩短支撑时间

斜线跑跳

1. 在规定的 45 秒内进行斜线跑跳。先慢跑几步，然后用右脚向右做斜线运动。
2. 右脚与地面接触时，迅速原地跳跃一次（图 8.4a）。
3. 右脚在跳跃后触地时，爆发性地向左做斜线跳跃，以左脚触地（图 8.4b）。
4. 左脚触地时，原地跳跃一次，然后爆发性地向右做斜线跳跃。然后当右脚触地时，再原地跳跃一次，再爆发性地向左做斜线跳跃。以此类推。
5. 练习时保持放松状态。尽量用有节奏的、协调的方式运动。眼睛向前看，不要看自己的脚。
6. 休息 15 秒，再进行一次 45 秒的斜线跑跳。

图 8.4　斜线跑跳能让跑者通过与地面的爆发性接触，缩短支撑时间，同时加强跑者踝关节的力量和反应性

单腿蹲起跳

1. 单腿蹲起跳与常规单腿蹲起类似，只是在每次蹲下（图 8.5a）后再跳起时，跑者跳得更高（图 8.5b）。
2. 每次垂直跳跃后返回地面时，跑者应平稳触地，然后迅速以良好的协调性开始下一次单腿蹲起跳。
3. 一组 10 次，每条腿完成两组。

图 8.5 单腿蹲起跳将传统的单腿蹲起转变为一种动态运动。这种蹲起跳有助于提高跑者触地时快速发力的能力，并缩短支撑时间

猎犬跑

此运动需要在至少 100 米无障碍的路面上进行。

1. 完成 100 米冲刺——加速跑 20 米，然后以最大速度跑 80 米（图 8.6）。
2. 100 米冲刺后步行 20 ～ 30 秒作为休息，然后再反方向冲刺 100 米。
3. 完成 8 次 100 米冲刺（每个方向 4 次）即为完成此练习。特别要注意避免迈大步或将足部伸得过远，并以较大的 SAT 触地。

图 8.6　猎犬跑能够增强跑者对地面的爆发性反应力，并通过提高步频来提升速度

侧向单腿蹲起跳

1. 进行侧向单腿蹲起跳时，左腿在前，右腿在后站立。双脚前后分开，间距约等于胫骨长度，左右分开与髋部同宽。

2. 将右脚趾放在 6 ~ 8 英寸（15.24 ~ 20.32 厘米）高的物体或台阶上。身体大部分重量放在左脚掌的中部位置。

3. 弯曲左腿，降低身体，直到大腿和小腿在左膝关节处呈约90度角（图8.7a）。

4. 左膝关节屈曲至约90度后，用左脚向外侧（左侧）跳 6 ~ 10 英寸（15.24 ~ 25.40 厘米），确保右脚在原地（图8.7b）。

5. 跳回中间位置，再向内侧跳（左腿在前时向右跳）6 ~ 10 英寸（15.24 ~ 25.40 厘米），然后再跳回中间位置。

6. 恢复起始（伸直腿）姿势，保持身体直立。此时为完成一组。

7. 每条腿进行12组练习，两组之间休息1分钟。

　　向侧面和中间跳时，应确保每次跳跃时脚趾都指向正前方，还要确保每次蹲起跳（向内侧、外侧及中间跳）时将大腿背面与小腿背面之间的角度缩小至约90度。

图 8.7　侧向单腿蹲起跳能增强跑者与地面接触时的快速反应力，缩短支撑时间，同时增强腿部的稳定性和力量

爆发式高抬膝

1. 进行此练习时，以放松的姿势直立，双脚位于肩部的正下方。
2. 以轻盈的原地跳跃开始，然后突然——但仍保持直立姿势——垂直向上跳起，双膝朝胸部摆动（图 8.8）。
3. 双脚轻松而有弹性地触地，再将步骤 2 重复 14 次。
4. 完成 15 次练习后，休息几秒，再重复 15 次。

进行这项练习时不要屈曲上身来触碰膝关节，上身应该始终保持挺直。关键动作是让膝关节快速朝向胸部上提。当跑者熟练掌握此项练习后，就可以逐渐进行单腿的爆发式高抬膝。

图 8.8　爆发式高抬膝能够增强跑者与地面接触时的反应力，从而缩短支撑时间，并增强腿部的整体爆发力

谢恩原地加速跑

1. 进行此练习时，应以放松的姿势直立，双脚位于肩部的下方。

2. 先原地慢跑，然后——在双脚准备好之后——开始快速提升原地踏步的速度，达到跑者能够维持的最大步频（图 8.9）。记住，完成此练习时不应有明显的向前位移。

3. 保持直立、放松的姿势，同时双脚紧扣地面。做这些动作不是为了高抬膝，而是为了尽量缩短足部触地时间。

4. 进行 3 组练习，每组 20 秒。

在练习过程中，跑者向最大速度迈进时，有时可将双腿在髋部位置略微向外旋。原地爆发式跑步时，可让身体从踝关节处略向前倾。

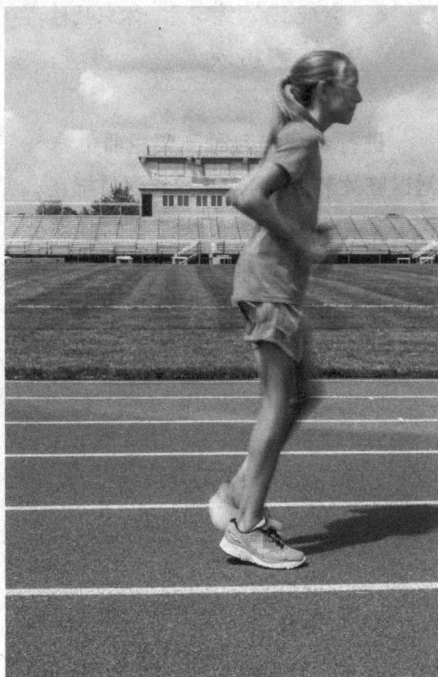

图 8.9　谢恩原地加速跑能加强跑者以高步频跑步的能力。原地爆发式跑步时，可让身体从踝关节处略向前倾

下 坡 跳

1. 从一个斜坡上分别用每条腿快速、协调地向下跳跃 3 × 20 米（图 8.10）。

2. 每组向下跳跃完成后，再向斜坡上方跳回 20 米。

3. 跳至坡底后短暂休息，然后返回坡顶再次开始练习。

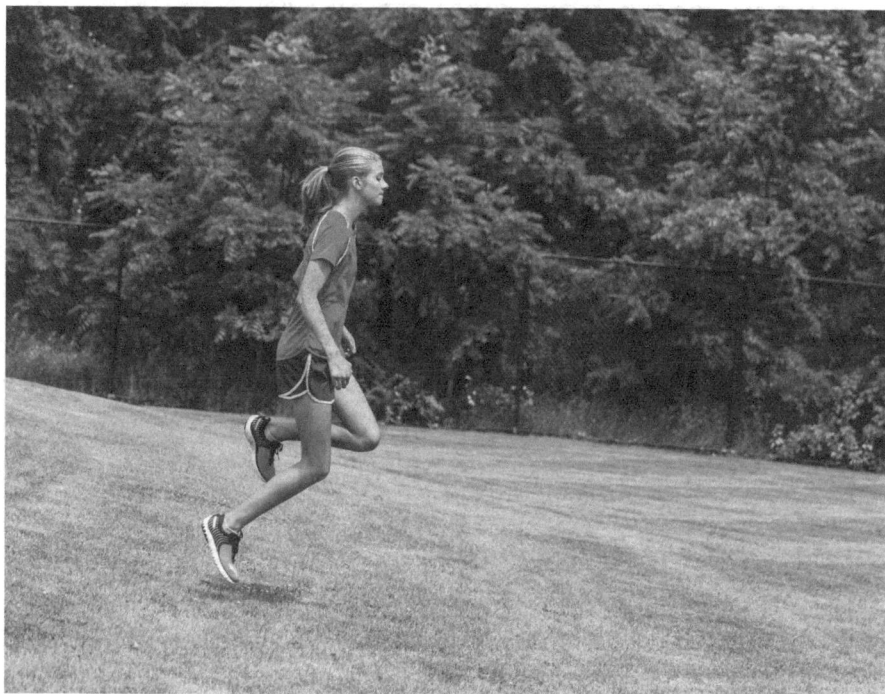

图 8.10　下坡跳有助于跑者在双脚高速（与每次下坡跳有关的向下加速度）运动时保持协调的足部触地方式。该练习可提升跑者在高速跑步时的协调性，并缩短支撑时间

下 坡 跑

1. 在斜坡上用非常快的速度向下跑 70 ～ 100 米（图 8.11），使用全脚掌触地。

2. 每次完成下坡跑后，轻松地慢跑回坡顶作为恢复活动。

3. 完成 4 组下坡跑。

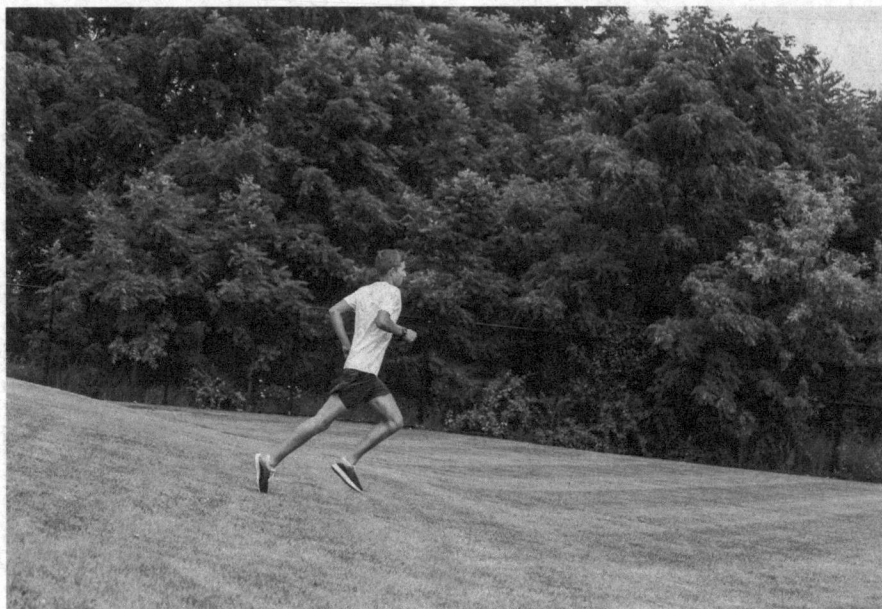

图 8.11　与下坡跳类似，下坡跑有助于跑者在足部和腿部高速运动时，保持协调的足部触地方式。这可以缩短支撑时间并提高步频、增强爆发力

4×400米跑

1. 保持轻松并有节奏地匀速跑 400 米，速度应快于 1 英里（约为 1.61 千米）跑的最快速度，使用高步频和最佳跑步模式（图 8.12）。

2. 在每组 400 米跑之间进行 2 分钟的慢跑作为恢复活动。

图 8.12　以高步频、全脚掌触地和较小 SAT 跑 400 米，这有助于提升跑者的最大跑步速度

放　松

轻快地跑 2 英里（约为 3.22 千米）作为放松运动。

总　结

缩短支撑时间并提高步频，是提升最大跑步速度和跑步整体表现水平的必要且基本的改进方法。使用节拍器将步频设定为每分钟 180 步及更高，采用强调较小 SAT 和全脚掌触地的练习，都可提高步频。而对比跑是另一种提高步频的有效方法。常规爆发力训练结合了多种练习，能同时缩短支撑时间、提高步频，并提升爆发力。这些重要运动带来的结果包括训练中更快的速度及大大提高的比赛表现水平。

第9章

改善身体倾斜度

本书的第 4 章和第 7 章分析了 SAT 的重要性。如果 SAT 为正且较大，则会产生较大的制动力，降低跑步速度。较大的 SAT 还会导致跑者以脚跟触地，而非全脚掌或前脚掌触地，从而提高腿部的冲击力负载率，并增加损伤风险。而 SAT 为负，会减小垂直和水平推进力的大小，并限制跑步速度。从运动表现水平和预防损伤的角度来看，较小且为正的 SAT（6～7 度）是最佳的。6～7 度的 SAT 让腿部吸收并储存了支撑阶段初始时刻的冲击力，然后将腿部置于可产生最佳垂直和水平推进力（可优化跑步速度和效率）的位置。

相比 SAT，身体倾斜度对运动表现水平和损伤风险的影响不太明显，但仍然很重要。身体倾斜度可定义为在以下 3 个支撑关键阶段中身体相对于垂直方向的位置。

1. 初次触地。
2. 支撑中期。
3. 脚趾离地。

指导如何形成最佳身体倾斜度的科学研究非常少，因此逻辑分析和经验很重要。需要考虑 3 种模式对支撑阶段推进力的影响。

身体倾斜度如何影响跑步速度

支撑中期——也就是步态中支撑阶段的中期，身体多位于足部正上方，踝关节背屈、膝关节弯曲、髋部略微弯曲时——正是产生最大垂直推进力的时机。其中部分原因是踝关节、膝关节和髋部自然且具有弹性的伸展产生了向前运动所需的推进力。

要更好地理解身体倾斜度与推进力之间的关系，跑者可以想象自己将一个很大、很重的物体举过头顶。如果在努力推举时身体向前倾斜，是不是会拥有最佳的力学优势和最大的推举爆发力？要移动重物时身体是不是最好向后倾斜？很明显，身体保持在垂直位置（完全不倾斜）时将拥有最佳的力学优势和稳定性，在垂直位置上能举起最大的重量。

但这一点在跑步的时候有所不同。跑者不是要将重物举过头顶，而是要与地面相互作用，以产生垂直和水平方向上的推进力。想象以下 3 个支撑中期的场景。

1. 身体向后倾斜，向地面施加力。
2. 身体直立（既不向前倾斜也不向后倾斜），向地面施加力。
3. 身体略微向前倾斜，向地面施加力（将在后文中介绍）。

想象以上 3 种场景中，身体从头到脚都保持成一条直线，髋部不弯曲。

第一种场景中，身体向后倾斜，施加于地面的垂直力将身体向上、向后推（图 9.1）。这种方式很明显是次优的。为了有最佳跑步表现，身体应当被向上、向前推，而不是被向上、向后推。身体任何向后的运动都会降低跑步速度。

图 9.1　身体向后倾斜时，垂直推进力将身体向上、向后推

第二种场景中，垂直推进力既不将身体向前推也不将身体向后推，而是向上推（图 9.2）。

图 9.2　支撑阶段身体直立，垂直推进力将身体向上推——既不向前也不向后

　　垂直方向的推进力虽然在当前饱受诟病，但其实它对跑步而言非常重要。例如，在高速奔跑时，支撑阶段产生的垂直推进力比水平推进力大 10 倍以上。减小垂直推进力，会明显降低跑步速度。

　　如果这一点难以理解，只需记住：跑者在地面上的向前运动始终是垂直推进力和水平推进力共同作用的结果。垂直推进力将身体向上推，水平推进力将身体向前推。身体在地面上的向前运动可用两个力的矢量和来表示（图 9.3）。

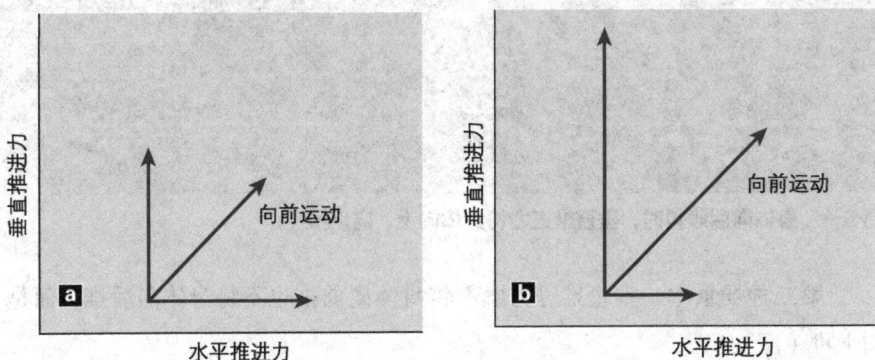

注：图片仅为示意图，图中的箭头仅代表力的方向，不代表力的大小。
图 9.3　**a. 当水平推进力结合向前的垂直推进力时，向前运动的推进力最大；b. 高速奔跑时，垂直推进力比水平推进力更重要**

　　因此，水平和垂直方向上的力共同影响着向前奔跑的速度，并且——尽管舆论普遍认为垂直推进力不好——垂直推进力对速度的影响大于水平推进力。博尔特在跑步时创造了世界上最大的垂直推进力。如上所述，垂直推进力有时是水平推进力的 10 倍。考虑到跑步是向前的运动，而不是向上的运动，这种观点可能有悖于我们的直觉，但不代表这不是事实。

倾斜度决定速度矢量

　　身体倾斜度对反映向前运动的矢量有显著的影响。如果身体向后倾斜，那么向前的运动矢量（垂直推进力和水平推进力的共同作用结果）不会太大。

如果在产生推进力时身体直立，向前的运动矢量不会很大；而如果身体向前微微倾斜，则向前的运动矢量会更大。从向前运动的角度来看，这会产生更大的推进力，而这几乎是我们在跑步期间始终期望得到的结果（除非跑者是有意识地想要停止，这种情况下身体会自然向后倾斜）。

也就是说，跑者想要形成最大的向前的运动矢量（并由此产生最大的跑步速度）时，身体不应向前倾斜太多；身体过度向前倾斜会对步幅产生较大的负面影响；而且在身体过度向前倾斜时，跑者难以把腿和脚伸到身体的前方（图9.4）。

图 9.4　身体过度向前倾斜会自动缩短步幅这一关键的速度要素

这意味着身体适度向前倾斜（从踝关节开始，而非从髋部开始）是最佳的状态。根据众多跑者（从新手到精英跑者）的经验来看，向前倾斜约 5 度是最优的（图9.5）。

倾斜度过小时，身体因施加于地面的力而倾向于保持直立，会导致运动矢量倾向于竖直向上。倾斜度过大时，跑者可能向前摔倒，同时步幅也会缩短。

图 9.5　向前倾斜约 5 度是最优的

优化身体倾斜度的练习

以下练习可以帮助跑者形成向前约 5 度的身体倾斜度（身体从踝关节开始倾斜）。一开始应当赤足进行这些练习，以便产生更好的本体感受，从而使跑者更好地感受正确的身体倾斜度和姿势。所有练习的持续时间都以分为单位。跑者应在每组练习中保持每分钟 180 步的步频和膝关节柔软、弯曲。这有助于跑者在训练和比赛期间保持向前约 5 度的身体倾斜度（图 9.6）。

第一阶段：赤足（原地行走—原地慢跑—向前慢跑）

活动	持续时间 / 分
使用全脚掌触地原地行走，身体从踝关节开始向前倾斜约5 度	1
使用全脚掌触地原地慢跑，身体向前倾斜约 5 度	3
使用全脚掌触地、较小的 SAT 和婴儿步向前慢跑，并保持身体向前倾斜约 5 度	3

在开始整体训练的主体部分之前进
行第一阶段的练习。尽可能频繁地进行
这项练习（至少一天两次）。目标是完
全确定并能够赤足以 4 个要素完成练习：
全脚掌触地、较小的 SAT、每分钟 180
步的步频及身体向前倾斜约 5 度。使用
每秒 240 帧或更高帧率的智能手机或摄
像机及视频分析应用程序对跑者的练习
情况加以确认。一旦掌握了以上 4 个要
素，就可以进入第二阶段。

图 9.6　赤足且身体向前倾斜约 5 度进
行原地慢跑，有助于提升跑者以最优身
体倾斜度跑步的能力

第二阶段：穿跑鞋（原地行走—原地慢跑—向前慢跑）

活动	持续时间 / 分
使用全脚掌触地原地行走，身体从踝关节开始向前倾斜约 5 度	1
使用全脚掌触地原地慢跑，身体向前倾斜约 5 度	3
使用全脚掌触地、较小的 SAT 和婴儿步向前慢跑，并保持身体向前倾斜约 5 度	3

每天完成两次第二阶段的练习，持续两周或直到跑者已经掌握最优身体倾斜
度。目标是跑者完全确认能够穿着跑鞋以全脚掌触地、较小的 SAT 和每分钟 180 步
的步频这 3 个关键要素完成动作，同时保持身体向前倾斜约 5 度。使用每秒 240 帧
或更高帧率的智能手机或摄像机及视频分析应用程序对跑者的练习情况加以确认。
一旦掌握了以上要素，就可以进入第三阶段。

第三阶段：赤足（原地慢跑—向前慢跑—向前跑）

活动	持续时间 / 分
使用全脚掌触地原地慢跑，身体向前倾斜约 5 度	1
使用全脚掌触地、较小的 SAT 向前慢跑，身体向前倾斜约 5 度	3
使用全脚掌触地、较小的 SAT 向前跑，身体向前倾斜约 5 度	3

　　向前跑时，跑者应以中等至中高强度的速度（类似于半程马拉松到 10 千米跑的速度）移动。每天完成两次第三阶段的练习，持续两周，或直到跑者已经形成最优身体倾斜度。目标是跑者完全确定能够赤足以全脚掌触地、较小的 SAT 和高步频（每分钟 180 步）并保持身体向前倾斜约 5 度的状态来完成这 3 种练习（图 9.7）。使用每秒 240 帧或更高帧率的智能手机或摄像机及视频分析应用程序对跑者的练习情况加以确认。现在可以进入第四阶段。

图 9.7　赤足跑步有助于跑者以较小的 SAT、高步频及全脚掌触地的方式跑步，同时保持身体向前倾斜约 5 度

第四阶段：穿跑鞋（原地慢跑—向前慢跑—向前跑）

活动	持续时间 / 分
使用全脚掌触地原地慢跑，身体向前倾斜约 5 度	1
使用全脚掌触地、较小的 SAT 向前慢跑，身体向前倾斜约 5 度	3
使用全脚掌触地、较小的 SAT，小步向前跑，身体向前倾斜约 5 度	3

向前跑时，跑者应以中等至中高强度的速度（类似于半程马拉松到 10 千米跑的速度或更快的速度）移动。每天完成两次第四阶段的练习，持续两周，或直到跑者已经适应了最优身体倾斜度。目标是跑者完全确定能够穿着跑鞋（或常规训练鞋）以全脚掌触地、较小的 SAT 和每分钟 180 步的步频完成这 3 种活动，同时保持身体向前倾斜约 5 度。使用每秒 240 帧或更高帧率的智能手机或摄像机及视频分析应用程序对跑者的练习情况加以确认。

请注意，完成以上 4 个阶段的练习都需要 7 分钟。如果在训练之前完成优化身体倾斜度的练习，那么跑者最好逐步地、越来越多地将全脚掌触地、较小的 SAT、高步频和向前约 5 度的倾斜度引入其他训练，包括热身。例如，在练习的第一周，将常规训练时间的 10% 用于练习以全脚掌触地、较小的 SAT、每分钟 180 步的步频和向前约 5 度的倾斜度跑步较为合理，其他时间用常规方法跑步即可。练习的第二周，增加至使用训练时间的 20% 来练习以全脚掌触地、较小的 SAT、每分钟 180 步的步频以及向前约 5 度的倾斜度跑步。以此类推。

对 比 跑

每周两次，在充分热身后，使用对比跑进行补充练习（图 9.8）。首先，确保对比跑在柔软、宽敞的地面（如草地、沙滩、健身房地板或塑胶跑道）上进行。每个 1 分钟阶段中，跑者应注意体会每种模式的不同感觉——感受向前倾斜约 5 度如何使跑步更有弹性、更快、更加不费力，而且没有不适感。

1. 以中等速度、全脚掌触地、6 度的 SAT、每分钟 180 步的步频赤足跑步 1 分钟，保持身体向后倾斜。

2. 休息片刻后，以中等速度、全脚掌触地、6 度的 SAT、每分钟 180 步的步频赤足跑步 1 分钟，保持身体直立（不倾斜）。

3. 休息片刻后，以中等速度、全脚掌触地、6度的SAT、每分钟180步的步频赤足跑步1分钟，身体从脚踝处开始向前适当倾斜约5度。

4. 穿常规训练鞋或跑鞋，然后重复一次步骤1至步骤3。

图 9.8 对比跑有助于跑者真正体验和感受不同的身体模式，并可帮助跑者养成以较小的SAT、高步频、适度的身体向前倾斜程度和全脚掌触地方式跑步的习惯

总　结

从速度和运动表现水平方面来说，身体倾斜度并没有其他几个关键的跑步模式要素（MSA、ROS、SAT 和 FAT 等）那么重要，但它仍然对跑步速度有显著的影响。正如本章所述，没有倾斜和向后倾斜都会改变垂直推进力，从而减小净推进力，减慢速度。相反，身体向前倾斜会让推进力指向我们期望的方向：前方。

但是身体也不能过度前倾，过度前倾可能会缩短步幅，从而减慢跑步速度。向前倾斜约 5 度为最优。

跑者常会根据地形而采用不同的身体倾斜度，上坡时向前倾斜更明显，而下坡时会向后倾斜。这些都是对地形的自然反应，但跑者也应有意识地控制。例如，上坡时过度前倾会导致跑者以婴儿步进行上坡运动，从而减慢速度。同理，下坡时向后倾斜会使每一步都产生制动力，自动增加每条腿上的冲击力负载率。下坡时，最好让身体略微前倾（或至少让身体相对于跑步的地面保持直立），以提升平衡性和协调性。这有助于将冲击力和制动力最小化，并让重力和弹性能量发挥作用，让跑步更加高效。

第10章

调整姿势

跑步姿势——身体各部位之间的力学机制关系——在身体向前的运动中发挥关键的作用。

与跑步姿势密切相关的身体部位

身体的各个部位需要以特定方式定位，从而形成完美的跑步姿势。与跑步姿势密切相关的身体部位如下。

- 足部和踝关节。
- 腿部，包括膝关节。
- 髋部。
- 躯干。
- 手臂，包括肘关节和手部。
- 头部和颈部。

这些身体部位的常见姿势缺陷可能对跑步产生负面影响。调整姿势不仅是为了美观，更是为了减少跑步消耗（提高跑步的效率），并减轻特定身体部位的疲劳感。调整姿势（尤其是足部、膝关节和髋部的姿势）不仅可以提升运动表现水平，还能降低损伤风险。

常见的次优姿势模式

跑者们常会在以下部位展现出各种不同的次优姿势模式。

足部

步态支撑阶段中常见姿势为足部外翻（图 10.1）。这种姿势实际上会缩短步幅（速度的关键要素），并可能向踝关节内侧施加过多的压力。

膝关节

足部触地时膝关节常常是伸直的，伸直的腿部会对僵硬、固定的膝关节产生冲击。伸直的腿部和僵硬的膝关节会增大制动力，削弱膝关节吸收和缓冲冲击力的能力。这会使冲击力快速向上传递至髋部、颈部和头部，从而增加损伤的风险（图 10.2）。约有 95% 的跑者用这种姿势跑步。

图 10.1　跑步时足部外翻会缩短步幅，减慢速度

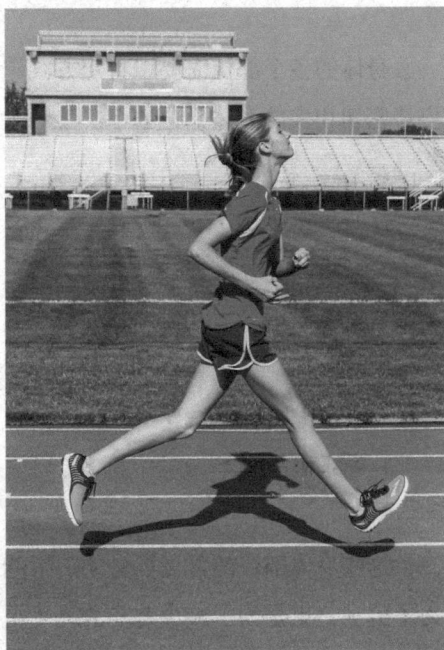

图 10.2　在膝关节僵硬和腿伸直的情况下足部触地，会增加损伤风险

髋部

髋部常见的姿势为骨盆过度向后倾斜或过度向前倾斜（图 10.3）。这两种姿势都对跑步有负面影响，要么会直接限制步幅，要么会减小支撑阶段向前的推进力。

图 10.3　a. 跑步时骨盆过度向后倾斜会减小步幅；b. 跑步时骨盆过度向前倾斜会减小向前的推进力

躯干

在向前运动期间，躯干经常会绕身体的纵轴过度扭转（图 10.4a）。这种动作会损耗能量，并降低跑步效率。躯干还经常会轻微地向前倾斜（脊柱后凸）（图 10.4b），或向后倾斜（脊柱前弯）（图 10.4c），这些姿势同样对推进力和步幅有负面影响。

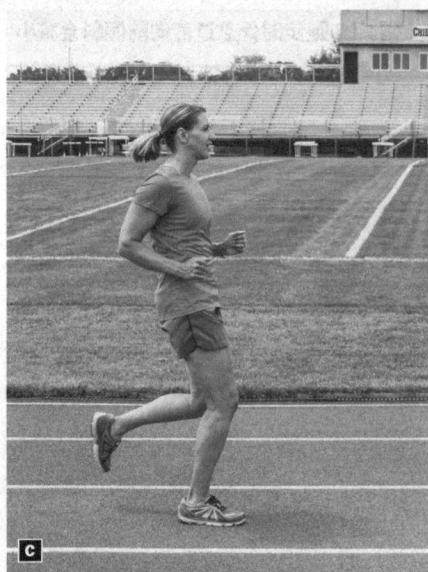

图 10.4　a. 跑步期间躯干的过度扭转动作反映出核心部位的虚弱，而这很可能与较低的跑步效率有关；b. 躯干向前倾斜会减小步幅，引起腰部肌肉的紧张和损伤；c. 躯干向后倾斜会减慢跑步速度

手臂

　　跑步时因手臂动作而形成的次优姿势非常常见。一种可能是，手臂在向前摆动时过度远离身体的中线。另一种可能是，手臂抬起，距离身体过高或过远，浪费氧气和能量。还有一种可能是，跑步期间肘关节向后摆动不足，也就是手臂保持向前的姿势，很少位于躯干后侧较远处。这会导致肩部过度紧张，并可能引起步频的改变。跑步期间，手臂应自然摆动，向后摆动时手部应移动至髋部附近，向前摆动时肘关节应向前移动至髋部附近（图 10.5）。

图 10.5　a. 手臂向后摆动时，手部应移动至髋部附近；b. 手臂向前摆动时，肘关节应移动至髋部附近

头部和颈部

头部和颈部的常见问题是，跑步期间头部向前倾斜，造成能量浪费及颈部和上背部肌肉紧张、酸痛（图 10.6）。头部不应相对于肩部向前倾斜，而应该在躯干上方以垂直姿势保持平衡。在步态中，左右摇晃头部也会造成能量的浪费，应当避免。总而言之，肩部应保持放松，并向下、向后垂落，不应向上或向前耸起。

图 10.6　跑步期间头部向前倾斜，会造成背部肌肉紧张、酸痛等

姿势的设定、练习和提示

以上常见问题都可以解决，跑者可通过姿势设定的练习和提示形成正确的跑步姿势。提示是指通过简单的关于正确跑步姿势的心理提醒，实现正确的姿势调整。以下是跑者在开始各种跑步（包括比赛）前都应使用的设定最优姿势的提示。

足部

双脚对齐，置于肩部的正下方，脚尖笔直地指向前方（图 10.7）。

图 10.7　跑步前设定正确的足部姿势

膝关节

膝关节应保持柔软、略微弯曲，股四头肌保持适度紧张（图 10.8a），避免双腿僵直（图 10.8b）。

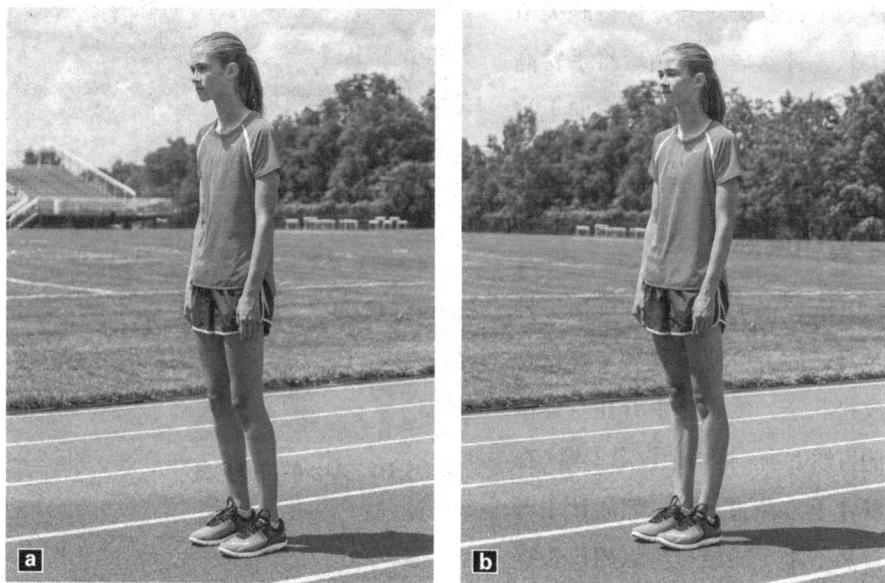

图 10.8　a. 跑步前正确的膝关节姿势；b. 跑步前过度伸展的膝关节及由此造成的僵直的双腿。

髋部

骨盆不可向前或向后倾斜，而应居中（图 10.9）。

图 10.9　跑步前居中的骨盆

姿势

跑者应有意识地调整整体姿势，以避免任何姿势的缺陷。方法如下：双脚对齐，保持膝关节柔软，骨盆居中，然后将手臂高举过头顶，尽量在竖直方向上拉伸全身（图 10.10）。

手臂和肩部

跑者将手臂高举过头顶拉伸全身之后，应使手臂和肩部保持放松状态，然后让手臂在身体两侧自然下垂。这两个设定步骤（在身体上方拉直手臂，然后让手臂自然下垂）的结合可以用口头提示"拉长身体，放下手臂"来表达。这一方法有助于解决骨盆随意前倾或后倾及肩部向前耸起的问题。做完"拉长身体，放下手臂"动作后，肩部应相当放松，并略微靠后，而不是在身体前方耸起（图 10.11）。肩部应保持下压，不可耸起，以节约能量。

图 10.10　跑步前拉伸全身

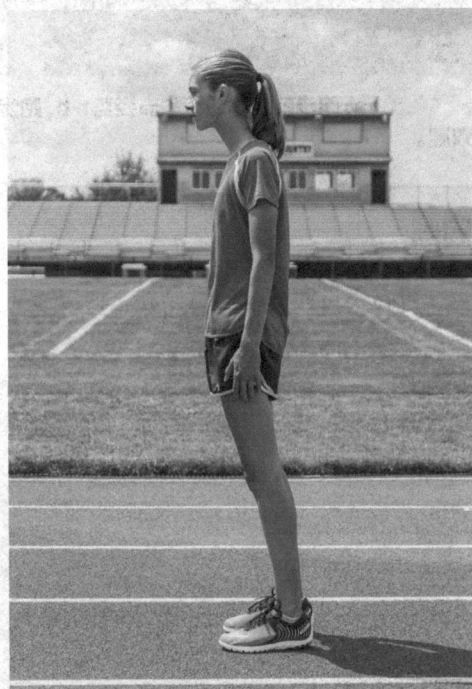

图 10.11　做完"拉长身体，放下手臂"动作后，正确的全身姿势

下颌

下颌保持水平，两眼目视前方，不要望向地面（图 10.12）。这有助于预防颈部过度弯曲和"探头"姿势，以防颈部、肩部和上背部产生疲劳和紧张感。

肘关节

肘关节"对半"弯曲，即肘关节的初始弯曲角度约为 90 度（图 10.13）。但在此之后可以轻松的方式让肘关节弯曲更多，从而让手部能够移动至距离肩部高度一半的位置。

图 10.12　下颌保持水平，两眼目视前方

手臂

各种手臂摆动姿势都结束于手距离肩部高度一半的位置，需要特别注意避免过度交叉摆动（双手摆过身体），并特别注意应使手臂靠近身体摆动。这就意味着当手臂向前摆动时，肘关节应移动至髋部附近；当手臂向后摆动时，手部应移动至髋部附近（第 127 页的图 10.5）。跑步时，手指并拢且屈曲，手掌像刀一样"切割"空气。切勿紧握双手，否则会造成手部和前臂肌肉的过度紧张。

图 10.13　肘关节弯曲约 90 度

连接与矫正：形成整体姿势

前面所介绍的内容有助于跑者在跑步时形成身体特定部位的最佳姿势。此外，身体各部位还应以适当的方式对齐。

请观察图 10.14 以了解正确的全身姿势。为了将功能性的整体姿势概念

注：REC 为录像，REDO 为重放，UNDO 为撤销，CLEAR 为清除，SLO-MO 为慢速。

图 10.14　为了评估姿势，将头部、颈部、胸部和髋部的中心点用直线连接起来。a. 如果姿势完美，则这四个点会形成一条直线；b. 如果姿势不正确，这些点无法连接成直线，会形成一条折线

化，需要标出头部中心、颈部中心、胸部中心、髋部中心这 4 个点，然后将这 4 个点连接起来。

这 4 个点应当可以连成一条直线——髋部中心至头部中心的线应该是笔直的。如果没有出现这种情况，那么可以认为这名跑者存在姿势上的问题，尤其是骨盆或头部有向前或向后倾斜的问题。

使用高效且廉价的应用程序，并请一位朋友或同事帮忙拍摄跑步时的视频。然后用该程序设定上述 4 个点（头部、颈部、胸部和髋部的中心），仔细地画出相关的线，即可在接下来的训练中进行具体的姿势调整。在几天后再次拍摄视频，评估跑者是否形成了正确的整体姿势。

总　结

正确的姿势虽然对于增强抗疲劳能力、提高表现水平和预防损伤有重要的作用，但是却经常被跑者们忽视。通过使用本章介绍的提示及应用程序提供的姿势视频检查功能，跑者可以逐渐改进姿势，并能在能量消耗较低（即跑步效率提高）的前提下跑得更快。

第11章

要素整合

跑步中有一点是永远不能造假的：跑步模式。"你永远无法伪造跑步模式"，沃尔特如此指出。沃尔特是一位体能专家，一直致力于研究世界上最快的跑者，包括辛西娅·利莫、玛丽·瓦塞拉、莫妮卡·恩吉格[1]的跑步模式。目前不存在可以改进跑步模式的补剂或药物。跑者必须通过练习和特定的训练，以及定期实践才能学习并掌握良好的跑步模式。

最佳的跑步模式最终取决于跑步步态的4个关键要素：FAT、ROS、SAT及 ROS / MSA。这4个模式要素，能够用于确定跑者是否能发挥自己的真实潜力及其损伤的风险。大多数跑者在跑步时都使用次优的要素配置模式，这会导致损伤风险升高，并降低达到最佳表现水平和创造个人最佳纪录的概率。甚至在跑者看似跑得很流畅，上身没有明显的力学机制缺陷时也是如此。当这4个要素以正确的方式组合起来时，跑者就能以最低的损伤风险发挥自身潜力，即使其上身运动方式像扎托佩克一样。本章将介绍如何将这4个关键的模式要素以最佳的方式进行组合。

足部触地方式

尽管约有 95% 的长跑跑者是脚跟触地者[2, 3]，还是需要明确全脚掌触地优于脚跟触地。无论从提升运动表现水平，还是降低损伤风险来看，全脚掌触地者跑得更快，并且更不容易受伤。

从提升运动表现水平的角度来看，需要注意很重要的一点，世界上最快的跑者们——精英和超精英级的短跑运动员——都是前脚掌触地者，而非脚跟触地者。没有一位世界级的短跑运动员是脚跟触地者。此外，世界上最快的长跑跑者——肯尼亚和埃塞俄比亚的精英跑者们——都是前脚掌或全脚掌触地者。

为什么会这样？为什么我们没有在世界上最高水平的跑者之中同时发现脚跟触地者、全脚掌触地者和前脚掌触地者？迄今为止，针对这一现象还没有非常明确的解释。但是，通过南卫理公会大学和哈佛大学最近的研究，我们现在了解到以脚跟触地和全脚掌触地，在步态中的支撑阶段（产生推进力的时刻）产生了一系列完全不同的结果。具体来说，脚跟触地对推进力的产生有负面影响，而全脚掌触地为最佳推进力产生的总量和时间都奠定了基础[4]。

步态的支撑阶段，即实际上产生垂直推进力和水平推进力的时候，通常被简单划分为 3 个部分：初次触地、支撑中期（支撑）和脚趾离地。在如此简单的观点下，跑者用脚跟或全脚掌触地仿佛没什么区别。

脚跟触地

然而，支撑阶段的情况实际上非常复杂。如果跑者是脚跟触地者，则完整的步态周期将按以下顺序进行。

1. 足部到达静止点，也叫零点。静止点指足部、踝关节、小腿在步态的摆动过程中到达身体前方最远的点。静止点出现在触地之前，也是测量 MSA 的点。
2. 到达静止点后，足部朝向地面向下、向后运动，脚跟与地面发生初次接触。从脚跟的侧面视角看，这通常会产生典型的较大的 SAT。
3. 地面反作用力是支撑时间的函数，其很快达到身体重力的 1 倍。
4. 地面反作用力是支撑时间的函数，当跑者习惯使用脚跟触地时，会以极快的速度让地面反作用力达到身体重力的 1.5 倍（图 11.1）。

5. 在支撑阶段地面反作用力到达第一个峰值（第 3、第 4 步之后），随后地面反作用力轻微减小，曲线略微凹陷。

6. 地面反作用力到达第一个峰值后，胫骨处于垂直位置，与地面呈 90 度

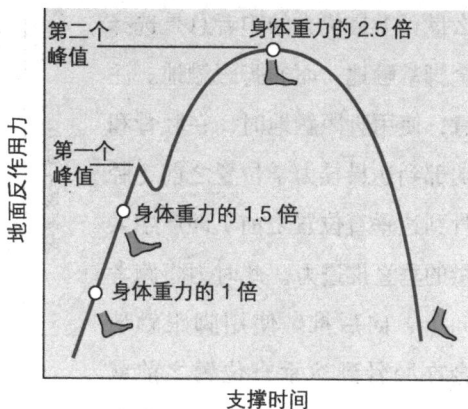

图 11.1　脚跟触地支撑阶段地面反作用力与支撑时间的关系。注意地面反作用力极速升高并快速达到身体重力的 1.5 倍

角。直到此时，小腿一直相对身体向前倾斜。

7. 随着身体向前越过足部，地面反作用力到达第二个峰值。

8. 最后足部离开地面，跑者腾空跃起。

全脚掌触地

使用全脚掌触地时，步态中的支撑阶段持续时间通常更短，发生顺序如下。

1. 足部到达零点（静止点），与脚跟触地相同。

2. 足部向下、向后运动，脚掌中部区域与地面接触。

3. 地面反作用力达到身体重力的 1 倍之前，胫骨垂直于地面（图 11.2）。注意此处与脚跟触地方式的区别，脚跟触地时地面反作用力达到身体重力的 1.5 倍时胫骨才垂直于地面。

4. 身体向前越过足部时，地面反作用力达到身体重力的 1 倍。

5. 身体相对于足部继续向前运动，地面反作用力达到身体重力的 1.5 倍。

6. 产生地面反作用力峰值。

7. 脚趾离地。

这一系列的区别解释了为什么全脚掌触地者比脚跟触地者跑得更快，为什

么世界上最优秀的跑者总是选择全脚掌触地，而非脚跟触地。注意，使用脚跟触地时，在胫骨和腿部到达最佳力学位置之前（胫骨到达垂直位置之前）即产生大量的垂直推进力，此时力将跑者向上、向后推。使用脚跟触地会在胫骨到达垂直位置之前就产生相当大的垂直力，因此仅能将身体向上、向后推——这是由于地面反作用力达到身体重力的 1.5 倍时，胫骨角度仍为正。

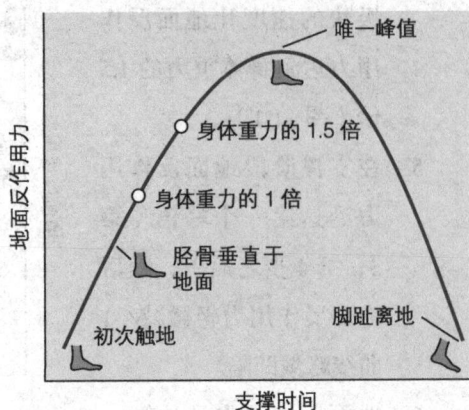

图 11.2　全脚掌触地时地面反作用力与支撑时间的关系。注意地面反作用力上升减缓（相比脚跟触地），地面反作用力达到身体重力的 1 倍之前胫骨垂直于地面

与之相反的是，使用全脚掌触地，在胫骨到达垂直位置之后，垂直力才达到身体重力的 1 ～ 1.5 倍，此时腿部已经准备好向上、向前推进。脚跟触地方式下的垂直推进力过早形成，结果会适得其反，造成浪费；而使用全脚掌触地时，大部分推进力都会在支撑阶段的适宜时间发挥作用。

水平力

水平制动力会阻碍身体向前运动，而水平推进力则促进身体向前运动。支撑阶段，足部与地面接触后立刻产生水平制动力，但最终水平制动力会让位于水平推进力。待胫骨到达与地面竖直（垂直）的位置之后，水平制动力消失，水平推进力逐渐增长（图 11.3）。

与全脚掌触地相比，脚跟触地方式的水平制动力和水平推进力峰值产生的时间和大小都完全不同。两种触地方式中，水平制动力都在足部与地面接触后稳步上升，且水平制动力在胫骨到达垂直位置前到达峰值。胫骨到达垂直位置后，水平制动力消失，水平推进力逐渐增长。这就意味着，为了将水平制动力最小化并优化向前的推进力和速度，跑者的胫骨应当在支撑阶段尽快到达垂直位置。

从本章前面对两种步态周期（脚跟触地和全脚掌触地）的描述能很明显地看出，相较于全脚掌触地，脚跟触地方式在支撑阶段会更晚达到水平制动力峰值，因在支撑阶段胫骨更晚到达垂直位置。换言之，在脚跟触地方式中，水平制动力发挥着更重要的作用。而使用全脚掌触地，跑者能更快地跑过制动阶段，到达水平推进力的阶段。采用全脚

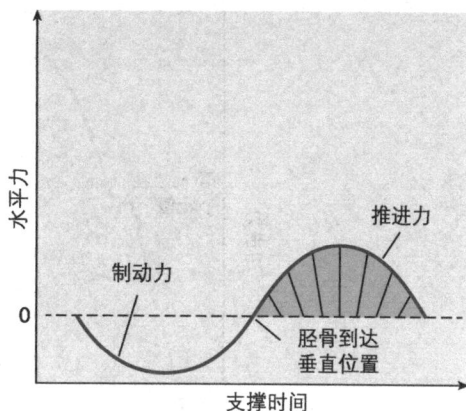

图 11.3　**胫骨一旦与地面垂直，水平制动力即消失，水平推进力开始产生**

掌触地方式能减少制动动作，更快地转换到向前推进的阶段。使用全脚掌触地的结果包括更短的触地时间（从而产生更高的步频和跑步速度）及更强的向前推进力。

　　虽然流行的跑步杂志、在线文章和书中极少提及，但跑者训练的一个关键目标其实是以正确的方式定位胫骨和腿部，并将力 – 时间曲线向上、向左移动。换言之，跑者想要提升速度，就应当产生更大的推进力（胫骨到达垂直位置后），并且比以前更快地产生这些力。这看起来像是一种悖论，因为前面已经提到更高的 VALR 会增加损伤的风险。但是记住，相较于脚跟触地者，模式正确的跑者的 VALR 与跑步速度之比始终较低。因此，模式正确的跑者可以在损伤风险更低的前提下，将力 – 时间曲线向左移动，因为他们的 VALR 超过损伤临界水平的可能性更小。模式错误（常见跑步模式）的跑者，其问题在于他们是在低速下产生极高的 VALR 值，当他们努力将力 – 时间曲线向上、向左移动时（例如，尝试跑得更快时），就会产生极大的易造成损伤的 VALR。模式正确的跑者将力 – 时间曲线向上、向左移动，可以在训练和比赛中增大步幅、提高步频，从而提高跑步速度。从这方面来讲，相较于脚跟触地者，全脚掌触地者具有更大的优势（图 11.4）。

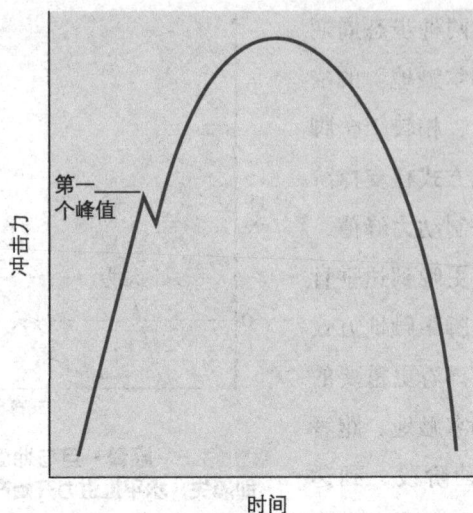

图 11.4　模式练习的目标之一是将力－时间曲线向上、向左移动，即更多、更快地产生推进力。模式正确的跑者可以在较低的损伤风险下实现这个目标，因为其 VALR 与跑步速度之比较低（能在较低的 VALR 下产生更快的速度），从而超过导致损伤的 VALR 阈值的风险较小

关键的 10 毫秒

考虑 "0.01 秒（10 毫秒）的影响" 是有价值的。研究表明，全脚掌触地每一步的支撑时间比脚跟触地的支撑时间少 0.01 秒。这看起来微不足道，但在比赛中产生的差距却相当大。

例如，一位脚跟触地的跑者想要在 10 千米障碍跑中突破 40 分钟。我们假设该跑者当前步频为每分钟 180 步，10 千米障碍跑成绩为 41 分钟。这时，他的总步数为 7 380 步。如果该跑者从脚跟触地转变为全脚掌触地，则可以节省约 73.8 秒，10 千米障碍跑成绩可达到 39 分 46.2 秒。如果是进行半程马拉松或者马拉松比赛，时间上的提升会更加明显。这种时间上的进步还没考虑从脚跟触地变为全脚掌触地时对步幅的积极影响，事实上这种改变还会使步幅加大（请记住，全脚掌触地更有利于垂直推进力和水平推进力的产生）。

足部触地方式对损伤的影响

人类的脚跟在跑步过程中的减震作用非常小。脚跟中的两块骨骼——跟骨和距骨——位于地面和身体其他部位之间。脚跟触地时，冲击力（地面反作用力）直接穿过跟骨和距骨传入胫骨，再穿过胫骨传入膝关节，穿过膝关节传入股骨，通过股骨传入髋部，再通过髋部传入脊柱，然后直接穿过脊柱传入头部。整个过程中对冲击（震荡）力的缓冲相对较少，因为力是直接、快速地传入整个骨骼系统的。

相比之下，人类足部有 26 块骨头，33 个关节，近 100 块肌肉、肌腱和韧带——所有这一切都可以吸收、分散并缓解冲击力。使用全脚掌触地时，这些结构都会缓冲冲击力。

这就解释了在力 – 时间曲线中，为什么脚跟触地者的地面反作用力会迅速产生第一个明显的峰值，而全脚掌触地者的曲线中却没有。第一个峰值反映脚跟触地者才能感受到的冲击力的迅速增长。多个研究都表明，VALR 与跑者受到的损伤有关[5-7]。与全脚掌触地者相比，脚跟触地者的 VALR 更高。VALR 越高的跑者损伤的风险越大。

脚跟在跑步过程中发挥了重要作用，但这个作用并不是缓冲冲击力。脚跟并不适用于缓冲冲击力，相反它有利于将这种冲击力立即向上传递至身体的其他部位。脚跟在支撑阶段的重要作用是提供适当的"硬度"，硬度是与跑步效率密切相关的一个要素。但这种硬度必须在恰当的时刻出现，而不应在足部初次触地时出现。

胫骨角度

有两个胫骨角度非常重要：SAT 及垂直推进力达到最大时的胫骨角度（shank angle at maximal vertical propulsive force，SAMVF）。对于长跑跑者来说，SAT 的范围可以为极大的正值（约 20 度，图 11.5）至适度的正值（约 5 度，图 11.6）。SAT 越大，长跑支撑阶段的制动力越大（制动力的持续时间也越长）。较大的胫骨角度还与脚跟触地相关，而脚跟触地会使力的大小和产生时间难以达到最优。另外，负胫骨角度增加了摔倒的风险，还会减小垂直力。虽然有些违背直觉，但对于速度的产生来说，垂直力比水平力更加重要。事实

注：REC 为录像，REDO 为重放，UNDO 为撤销，CLEAR 为清除，SLO-MO 为慢速。
图 11.5　较大的正 SAT 会导致脚跟触地并延长支撑时间、降低步频、增大制动力、提升冲击力负载率，从而导致错误的产生垂直推进力的时机

注：REC 为录像，REDO 为重放，UNDO 为撤销，CLEAR 为清除，SLO-MO 为慢速。
图 11.6　较小的正 SAT 会导致全脚掌触地并缩短支撑时间、提高步频、缩短制动力持续时间、提高跑步速度、减小冲击力负载率，从而减小制动力，并提供最优垂直推进力

上，在极快速的跑步过程中，垂直力能达到水平力的 10 倍以上。因此，当前很多关于跑步的出版物声称的，跑步期间的垂直力有害，应将其最小化的言论是完全错误的。真实的情况是，垂直力非常重要。随着垂直力的加大，跑者的最大跑步速度及整体表现水平都会有所提升。对短跑和长跑跑者来说都是如此。

对短至 100 米，长至马拉松的世界纪录表现的视频分析表明，除了一人例外，其他跑者的 SAT 都为正 4 ～ 8 度（表 11.1 和表 11.2）。因此，我们可以认为最佳胫骨角度在这个范围之内，并可能接近 6 度。令人惊讶的是，100 米世界纪录保持者博尔特和马拉松世界纪录保持者基梅托的 SAT 非常接近，这种模式上的相似性难以被认为是巧合。

最佳负胫骨角度与最大可能的垂直地面反作用力之间也相关。跑者的最大速度与其产生垂直地面反作用力的能力紧密相关。从视频分析中可以看出，很多跑者都具有负 23 度的胫骨角度。相较于脚跟触地，全脚掌触地能够更快到达这一角度。另外，脚跟触地者在达到这一角度之前（但这并不是最佳时刻），就产生了最大垂直推进力。

表 11.1

100 米至马拉松男子世界纪录表现的 SAT

项目	纪录	运动员	SAT/度	MSA/度	国籍	时间	ROS/度	运动赛事	地点	ROS/SAT
100 米（进阶阶段）	9.58（+0.9 米/秒）	尤塞恩·博尔特	+7	27	牙买加	2009 年 8 月 16 日	+20	世界锦标赛	德国柏林	2.86
200 米（进阶阶段）	19.19（−0.3 米/秒）	尤塞恩·博尔特	+7	27	牙买加	2009 年 8 月 20 日	+20	世界锦标赛	德国柏林	2.86
400 米（进阶阶段）	43.18	迈克尔·约翰逊（Michael Johnson）	+5	22	美国	1999 年 8 月 26 日	+17	世界锦标赛	西班牙塞维利亚	3.4
800 米（进阶阶段）	01：40.9	大卫·鲁迪沙（David Rudisha）	+7	19	肯尼亚	2012 年 8 月 26 日	+12	奥林匹克运动会	英国伦敦	1.71
1 000 米（进阶阶段）	02：12.0	诺厄·恩格尼（Noah Ngeny）	+8	18	肯尼亚	1999 年 9 月 5 日	+10	里约帝赛程	意大利里尔帝	1.25
1 500 米（进阶阶段）	03：26.0	希沙姆·埃尔·奎罗伊（Hicham El Guerrouj）	+7	18	摩洛哥	1998 年 7 月 14 日	+11	国际田联金黄联赛	意大利罗马	1.57
1 英里（约为 1 610 米）（进阶阶段）	03：43.1	希沙姆·埃尔·奎罗伊	+7	18	摩洛哥	1999 年 7 月 7 日	+11	国际田联黄金联赛	意大利罗马	1.57
2 000 米（进阶阶段）	04：44.8	希沙姆·埃尔·奎罗伊	+7	18	摩洛哥	1999 年 9 月 7 日	+11	柏林国际田径赛	德国柏林	1.57

续表

项目	纪录	运动员	SAT/度	MSA/度	国籍	时间	ROS/度	运动赛事	地点	ROS/SAT
3 000 米	07 : 20.7	丹尼尔·科门（Daniel Komen）	+6	16	肯尼亚	1996 年 9 月 1 日	+10	里尔帝赛程	意大利里尔帝	1.67
5 000 米（进阶阶段）	12 : 37.4	凯内尼萨·贝克莱（Kenenisa Bekele）	+8	17	埃塞俄比亚	2004 年 5 月 31 日	+9	范尼·布兰克斯·科恩赛	荷兰亨格罗	1.13
10 000 米（进阶阶段）	26 : 17.5	凯内尼萨·贝克莱	+8	17	埃塞俄比亚	2005 年 8 月 26 日	+9	国际田联黄金联赛布鲁塞尔站	比利时布鲁塞尔	1.13
10 千米（公路）	26 : 44	莱昂纳德·帕特里克·科蒙（Leonard Patrick Komon）	+8	19	肯尼亚	2010 年 9 月 26 日	+11	荷兰一项沿运河的公路赛事	荷兰乌得勒支	1.38
15 千米（公路）	41 : 13	莱昂纳德·帕特里克·科蒙	+8	19	肯尼亚	2010 年 11 月 21 日	+11	荷兰奈梅亨的一项公路赛事	荷兰奈梅亨	1.38
20 000 米（赛道）	56 : 25.98+	黑尔·格布雷西拉西耶（Haile Gebrselassi）	+8	18	埃塞俄比亚	2007 年 6 月 27 日	+10	国际田联金标赛事	捷克共和国奥斯特拉瓦	1.25
20 千米（公路）	55 : 21+	泽森内·塔德塞（Zersenay Tadese）	+6	15	厄立特里亚	2010 年 3 月 21 日	+9	里斯本半程马拉松赛	葡萄牙里斯本	1.5
半程马拉松（进阶阶段）	58 : 23	泽森内·塔德塞	+6	15	厄立特里亚	2010 年 3 月 27 日	+9	里斯本半程马拉松赛	葡萄牙里斯本	1.5

续表

项目	纪录	运动员	SAT/度	MSA/度	国籍	时间	ROS/度	运动赛事	地点	ROS/SAT
1小时（进阶阶段）	21 285米	黑尔·格布雷西耶	+8	18	埃塞俄比亚	2007年6月27日	+10	国际田联标赛事	捷克共和国奥斯特拉瓦	1.25
25 000米（赛道）	1:12:25.4+	摩西·莫索普（Moses Mosop）	+7	16	肯尼亚	2011年6月3日	+9	普里芳登精英赛	美国俄勒冈州尤金	1.29
2千米（公路）	1:11.18	丹尼斯·基普鲁托·基梅托（Dennis Kipruto Kimetto）	+8	16	肯尼亚	2012年5月6日	+8	Big 25联赛	德国柏林	1.00
30 000米（赛道）	1:26:47.4	摩西·莫索普	+7	16	肯尼亚	2011年6月3日	+9	普里芳登精英赛	美国俄勒冈州尤金	1.29
30千米（公路）	1:27:38+	帕特里克·马卡乌·穆斯约基（Patrick Makau Musyoki）	+5	22	肯尼亚	2011年9月25日	+17	柏林马拉松	德国柏林	3.40
马拉松（进阶阶段）	2:02:57	丹尼斯·基普鲁托·基梅托	+8	16	肯尼亚	2014年8月28日	+8	柏林马拉松	德国柏林	1.00
	2:03:23	威尔逊·基普桑（Wilson Kipsang）	+5	14	肯尼亚	2013年9月29日	+9	柏林马拉松	德国柏林	1.80
	2:03:02	杰弗里·穆泰（Geoffrey Mutai）	+3	12	肯尼亚	2011年4月18日	+9	波士顿马拉松	美国波士顿	3.00
3 000米（障碍赛）	7:53.63	赛义夫·赛义德·沙欣（Saif Saaeed Shaheen）	+8	17	卡塔尔	2004年9月3日	+9	国际田联黄金联赛布鲁塞尔站	比利时布鲁塞尔	1.13

注：表中纪录栏时间依国际惯例展示，9.58表示9.58秒，01：40.9表示1分40.9秒，01：12：25.4表示1小时12分25.4秒，表11.2同；截至原版图书出版时，灰色行数据仍在批准流程中。

表 11.2

100米至马拉松女子世界纪录表现的 SAT

项目	纪录	运动员	SAT/度	MSA/度	国籍	时间	ROS/度	运动赛事	地点
100 米（进阶阶段）	10.49（0.0 米/秒）	弗洛伦斯·格里菲特·乔伊纳（Florence Griffith Joyner）	+12	33	美国	1988 年 7 月 16 日	+21	美国奥林匹克运动会选拔赛	美国印第安纳州印第安纳波利斯
200 米（进阶阶段）	21.34（+1.3 米/秒）	弗洛伦斯·格里菲特·乔伊纳	+10	32	美国	1988 年 9 月 29 日	+22	奥林匹克运动会	韩国首尔
400 米（进阶阶段）	47.60	玛丽塔·科赫（Marita Koch）	+6	17	德国	1985 年 10 月 6 日	+11	世界杯	澳大利亚亚堪培拉
800 米（进阶阶段）	1:53.28	亚尔米拉·克拉托赫维洛娃（Jarmila Kratochvílová）	+8	18	捷克斯洛伐克	1983 年 7 月 26 日	+10		德国慕尼黑
1 000 米（进阶阶段）	2:28.98	斯韦特兰娜·马斯捷尔科娃（Svetlana Masterkova）	+7	22	俄罗斯	1996 年 8 月 23 日	+15	国际田联黄金联赛布鲁塞尔站	比利时布鲁塞尔
1 500 米（进阶阶段）	3:50.46	曲云霞	+9	19	中国	1993 年 9 月 11 日	+10	中国全运会	中国北京
1 英里（约为 1 610 米）（进阶阶段）	4:12.56	斯韦特兰娜·马斯捷尔科娃	+7	22	俄罗斯	1996 年 8 月 14 日	+15	国际田联黄金联赛苏黎世站	瑞士苏黎世
2 000 米	5:25.36	索尼娅·奥苏利万（Sonia O'Sullivan）	+10	25	爱尔兰	1994 年 7 月 8 日	+15		英国苏格兰爱丁堡
3 000 米	8:06.11	王军霞	+9	19	中国	1993 年 9 月 13 日	+10	中国全运会	中国北京

续表

项目	纪录	运动员	SAT/度	MSA/度	国籍	时间	ROS/度	运动赛事	地点
5 000米（进阶段）	14:11.15	蒂鲁内什·迪巴巴（Tirunesh Dibaba）	+8	18	埃塞俄比亚	2009年11月15日	+10	荷兰奈梅亨的一项公路赛事	荷兰奈梅亨
10 000米（进阶段）	29:31.78	王军霞	+9	19	中国	1993年9月8日	+10	中国全运会	中国北京
10千米（公路）	30.21	葆拉·拉德克利夫（Paula Radcliffe）	+6	18	英国	2003年2月23日	+12	世界最佳10千米	波多黎各圣胡安
15千米（公路）	46:27.7	蒂鲁内什·迪巴巴	+8	18	埃塞俄比亚	2009年11月15日	+10	荷兰奈梅亨的一项公路赛事	荷兰奈梅亨
20 000米（赛道）	1:05:26.6	泰格拉·洛鲁佩（Tegla Loroupe）	+9	15	肯尼亚	2000年9月3日	+6		德国博格霍尔茨豪森
20千米（公路）	1:04:56+	弗洛伦斯·基普拉加特（Florence Kiplagat）	+9	18	肯尼亚	2014年2月16日	+9	巴塞罗那半程马拉松	西班牙巴塞罗那
半程马拉松（进阶段）	1:05:12	弗洛伦斯·基普拉加特	+9	18	肯尼亚	2014年2月16日	+9	巴塞罗那半程马拉松	西班牙巴塞罗那
25 000米（赛道）	1:27:05.84	泰格拉·洛鲁佩	+9	15	肯尼亚	2002年9月21日	+6		德国门格斯基兴
25千米（公路）	1:19.53	玛丽·凯特尼（Mary Keitany）	+9	18	肯尼亚	2010年5月9日	+9	Big 25联赛	德国柏林
30 000米（赛道）	1:45:50.00	泰格拉·洛鲁佩	+9	15	肯尼亚	2003年6月7日	+6		德国瓦尔斯泰因

续表

项目	纪录	运动员	SAT/度	MSA/度	国籍	时间	ROS/度	运动赛事	地点
30千米（公路）	1：38.23+	莉莉娅·舍巴科娃（Liliya Shobukhova）	无记录	22	俄罗斯	2011年10月9日	无记录	芝加哥马拉松	美国芝加哥
马拉松（进阶段）	1：36：36+	葆拉·拉德克利夫	+6	18	英国	2003年4月13日	+12	伦敦马拉松	英国伦敦
	2：15：25	葆拉·拉德克利夫	+6	18	英国	2003年4月13日	+12	伦敦马拉松	英国伦敦
3 000米（障碍赛）	8：58.81	加尔娜拉·萨米托娃－加尔金娜（Gulnara Samitova–Galkina）	+10	22	俄罗斯	2008年8月17日	+12	奥林匹克运动会	中国北京

反向摆动

ROS 是发生在静止点（零点，即测量 MSA 的点）和初次触地之间的胫骨角度的改变。在跑步期间，ROS 有 3 个作用。

1. 通过将小腿和足部移动至正确位置来优化 SAT（约 6 度的 SAT）。
2. 改善足部和腿部在 ROS 末期与地面"撞击"时产生的冲击力。冲击力越大，直接转化的垂直推进力越大。更快的速度和更大范围的扫腿能增强冲击力，而无力、缓慢的扫腿则会削弱冲击力。
3. 如果 ROS 较小，则足部在身体前方过远处触地的可能性较大。这样会增大水平制动力，并导致垂直推进力的方向向上、向后。

像博尔特这样的跑者，其 MSA（平均）约为 27 度，SAT 约为 7 度，产生的 ROS 约为 20 度，从而能够制造出极大的地面冲击力。基梅托的 MSA 约为 16 度，SAT 大约为 8 度，所产生的 ROS 为 8 度。

相比之下，普通长跑跑者的 MSA 约为 18 度，SAT 约为 16 度，产生的 ROS 仅约 2 度——而这会对运动造成负面影响。采用这种模式几乎不会产生与地面的冲击力，相反，水平制动力被最大化且持续时间较长，垂直推进力也朝向上方和后方。幸运的是，正如本书所述，ROS 和 SAT 都是可通过训练改变的。

反向摆动与最大胫骨角度之比

最后一个模式要素极其重要——ROS 与 MSA 之比（ROS / MSA），被我们称为"黄金比例"。这一比例将两个关键要素结合在一起——MSA 和 SAT——并由此提供了关于跑者模式的重要信息，类似于 $v\dot{V}O_{2max}$ 比单独的 $\dot{V}O_{2max}$ 更能揭示跑者的跑步能力。（$\dot{V}O_{2max}$ 是跑者的最大有氧耐力，而 $v\dot{V}O_{2max}$ 是达到 $\dot{V}O_{2max}$ 时跑者的真实跑步速度，是更有价值的信息。）

正如前文所述，博尔特的典型 MSA 约为 27 度，SAT 约为 7 度，会产生约

20 度的 ROS。因此,他的 ROS / MSA 约为 0.74。基梅托的该比例为 8 / 16,即 0.5,反映出马拉松需要更慢的跑步速度,因此对强劲冲击力的依赖性也更低。相反,普通的长跑跑者快速跑步时的 MSA 约为 18 度,SAT 约为 16 度,因此他们的 ROS 仅约 2 度。这样就产生了一个灾难性的比例:0.11。这是博尔特和基梅托处于完全制动模式时(他们想要停下来)才有的比例!

众多跑者之间的 ROS / MSA 差异很大,对全世界最优秀的短跑跑者们的视频分析显示,其比例始终位于 0.7 ~ 0.75。而对世界上最优秀的长跑跑者们的视频分析表明,其比例始终位于 0.5 ~ 0.75。当埃利乌德·基普乔盖(Eliud Kipchoge)在 2017 年努力突破马拉松的 2 小时大关时(他当时的成绩为 2 小时 24 秒),其比例一直维持在 0.7 左右。对采用常见模式的跑者们的视频分析显示,该群体的这一比例位于 0.1 ~ 0.2。ROS / MSA 非常重要,它既反映出跑者的 ROS,也反映出跑者与地面的相互作用方式,但这一重要比例却被大部分教练和跑者们完全忽视了。与其组成部分 ROS 和 SAT 一样,这一比例也是可通过训练改变的。这一比例的改善能够为跑步表现水平的提高带来极大的益处,跑者可以具有更强大的冲击地面的能力,同时又可减少损伤的风险。

总　结

每一位认真的跑者都想提升跑步速度,但极少有认真的跑者会致力于改变 FAT、SAT、ROS 和 ROS / MSA,更别提让他们改变跑步模式,尽管模式是让速度提高的真正的必要因素(事实上,大部分跑者完全不知道这些关键要素)。跑者们通常只是致力于提升心脏和肌肉的能力,这就类似于微调一辆高级汽车的发动机,却给这辆车安装了方形的轮胎。跑者只有在具备高度发达的生理能力,并与最优的关键模式要素相匹配后,才能发挥出最高的运动表现水平。

参考文献

[1] Walt Reynolds, personal communication, April 7, 2017.

［2］ M.O. de Almeida et al., "Is the Rearfoot Pattern the Most Frequent Foot Strike Pattern Among Recreational Shod Distance Runners?" *Physical Therapy and Sport*.

［3］ M.E. Kasmer et al., "Foot- Strike Pattern and Performance in a Marathon," *International Journal of Sports, Physiology, and Performance* 8, no. 3 (2013): 286–292.

［4］ W. Reynolds. "Midfoot Landings and the Production of Propulsive Forces During Running" (December 7, 2016).

［5］ H.P. Crowell and I.S. David, "Gait Retraining to Reduce Lower Extremity Loading in Runners," *Clinical Biomechanics* 26 (2011): 78–83.

［6］ A.I. Daoud et al., "Foot Strike and Injury Rates in Endurance Runners: A Retro-spective Study," *Medicine & Science in Sports & Exercise* 44, no. 7 (2012): 1325–1334.

［7］ I.S. Davis, B.J. Bowser, and D.R. Mullineaux, "Greater Vertical Impact Loading in Female Runners With Medically Diagnosed Injuries: A Prospective Investigation," *British Journal of Sports Medicine* (April 1, 2016).

第三部分

跑步模式的
成功要素

第12章

跑鞋与跑步模式

当你清晨醒来，把脚伸进跑鞋准备跑步时，你没有意识到，在还没有出门时，你的跑鞋就已经在不知不觉中以一种重要的方式改变了你的跑步模式。这是因为研究显示，跑鞋对跑步模式具有深远的影响。相较于赤足或穿着简易跑鞋在户外闲逛，具有增高垫、厚鞋跟的现代跑鞋会将你引导至以下步态模式。

模式 A：冲击流

相较于赤足跑步或穿着简易跑鞋跑步，现代跑鞋会将"冲击流"（在足部触地后的支撑阶段，最初50毫秒中作用于腿部的瞬间冲击力）最大化。穿着现代跑鞋跑步时的冲击流可达到赤足跑步时的3倍之高。换言之，本该保护跑者在跑步中免受冲击力的跑鞋，其实增大了冲击力[1]（图 12.1）。

模式 B：脚跟触地

穿着现代跑鞋时，足部触地时，踝关节每次跖屈的角度更小。这意味着跑者更可能使用足部的后半部分与地面发生初次接触，也就是说，跑者会以脚跟触地的方式跑步[2]（图 12.2）。

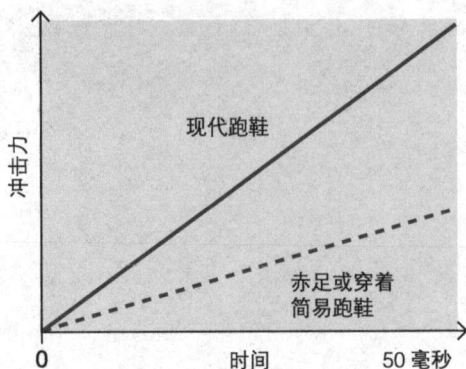

图 12.1 穿着现代跑鞋跑步会引发极大的冲击流

图 12.2 现代跑鞋倾向于引导跑者避免采用图 a 中的更自然的赤足触地方式，而采用图 b 中的踝关节背屈和足部后半部分触地的方式

模式 C：膝关节角度

与赤足或穿简易跑鞋相比，穿着现代跑鞋时，足部与地面接触时膝关节几乎始终处于较少弯曲的状态，这意味着足部触地时跑者的腿相对伸直[3]。几乎所有穿着现代跑鞋的跑者，触地时的膝关节角度（大腿与小腿后侧形成的角度）保持为 166 ～ 180 度[4]（图 12.3a）。

相比之下，赤足或穿着简易跑鞋的跑者及进行本书介绍的跑步模式练习的跑者们，在中长跑和长跑中触地时的膝关节角度为 148 ～ 158 度，短跑中触地膝关节角度为 158 ～ 166 度[5]（图 12.3b）。

脚跟触地、踝关节背屈且腿部相对伸直是穿着现代跑鞋跑步时冲击流会增强的原因。如果感到难以理解，可以把腿视为铁杆，想象一下它高速撞击地面的瞬间。与之相反的是，有弹性的肢体可以弯曲并在接近底部（踝关节）的部

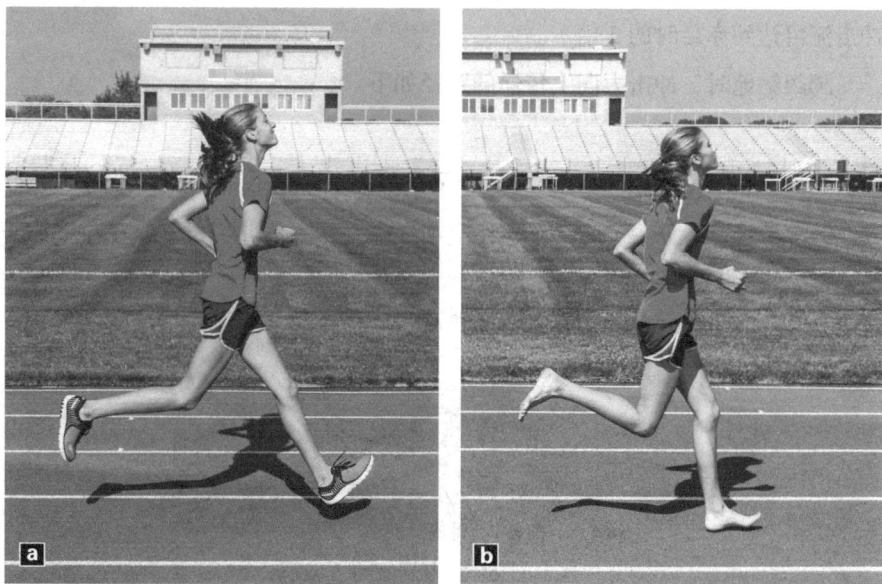

图 12.3　**a.** 穿着现代跑鞋，触地时膝关节角度较大，意味着腿部相对伸直；**b.** 赤足或穿着简易跑鞋的跑者，触地时的膝关节角度较小，意味着腿部不是很直（膝关节更为弯曲）

位（足部）及中部（膝关节）储存能量。触地后最初的50毫秒内，这两种结构中哪一种的顶部（结构中距离地面最远的一端）会承受最大的冲击力？很明显，与赤足跑或穿简易跑鞋相比，穿着现代跑鞋时，膝关节、髋部和脊柱会受到更大、更具有破坏性的冲击。

脚跟触地者的冲击力

当跑者使用脚跟和相对伸直（或几乎伸直）的腿触地时，冲击力会极快地从脚跟笔直地穿过（脚跟无法像踝关节一样通过弯曲来储存能量）膝关节和腿，然后穿过髋部，顺着脊柱一路通向头部。用力地脚跟触地会引起一系列全身震动传递反应。这一连串反应起始于跟骨（脚跟的骨骼）后侧，重锤一般的冲击瞬间向着腿部、髋部和上身传递。研究表明，有着泡沫塑料增厚鞋跟的现代跑鞋并不能有效缓解锤击式触地所产生的冲击（事实上，穿着这种跑鞋时的冲击流可达到赤足时的3倍）。

脚跟触地时，冲击力向上传递的路径如下。

1. "锤击"从跟骨开始，经过距下关节向上穿过距骨（图12.4）。

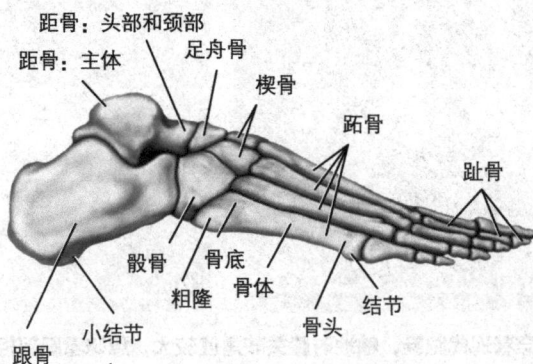

图12.4 脚跟触地时，冲击力迅速通过跟骨和距骨进入胫骨

2. 经由距小腿关节从距骨进入胫骨（小腿骨）。

3. 经由胫股关节从胫骨直接进入股骨（大腿骨）。

4. 经由髋臼-股关节从股骨进入骨盆（髋骨）。

5. 经由骶髂关节从骨盆进入脊柱。

6. 经由颅椎关节从脊柱进入颅骨（图 12.5）。

触地后，跟骨的位置和结构都不适于通过弹性弯曲和反冲进行能量储存和释放。因此，触地产生的冲击力在几毫秒内向上传递至头部。在一次简单的 5 英里（约为 8.05 千米）跑中，如此可怕的情形会发生 7 000 次左右。这就是在任何一年中，至少有 65%的跑者（和 90%的马拉松受训者）会遭受与跑步相关的损伤的关键原因[6]。考虑到很多跑者的腿部功能性力量相对薄弱，脚跟触地时快速传递的冲击力更容易引发相关问题。

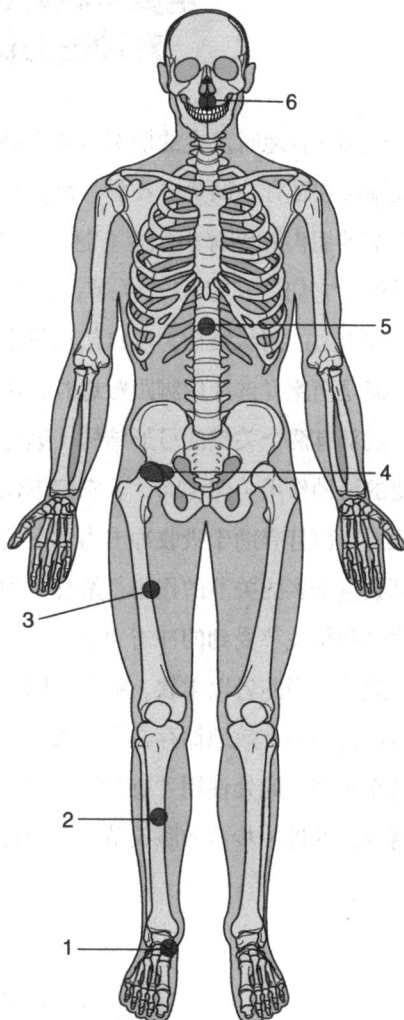

图 12.5 脚跟触地时，冲击流被放大，冲击力沿着骨骼链迅速向上直冲头部

全脚掌触地和前脚掌触地对冲击力的吸收作用

　　全脚掌触地时发生的情况与脚跟触地正相反。全脚掌触地时，初始的冲击力仅施加在趾骨、跖骨、楔骨、足舟骨和骰骨上（图 12.4），以及这些骨骼之间关节的肌肉和结缔组织上。这个差别非常大。除距骨和跟骨外，足部有 26 块骨骼，它们之间有 33 个关节，近 100 块肌肉、肌腱和韧带。足部就像一个吸收冲击力的网状结构，以自然选择来塑造，以便调节、改善跑步和行走的行为，但是当跑者选择用脚跟触地时，便绕开了这个力分散网。

　　足部有两个关键的弓形结构（纵弓和横弓），在全脚掌触地的过程中起着重要的协助作用（图 12.6）。它们不仅能支撑足部的骨骼及其相关的结缔组织和肌肉，而且有助于吸收冲击力和平衡身体。相比脚跟的锤击式击地，足弓和足部数量众多的关节的作用都解释了为什么前脚掌或全脚掌触地能够极大地缓冲跟骨和踝关节受到的冲击力。

　　此外，当跑者以柔软、跖屈的脚踝和同样柔软、弯曲的膝关节触地时，大部分冲击力都有效地储存在了踝关节和膝关节，而不是作为有害的冲击力向上传递至头部。此处使用"有效"一词，是因为这些冲击力会使原本跖屈的踝关节背屈，并进一步弯曲膝关节，从而使关节处的肌肉、肌腱和韧带伸展（有效

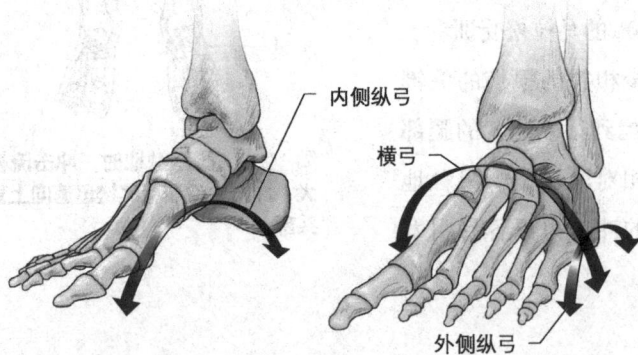

图 12.6　足部的两个关键足弓缓冲、储存并返回冲击力，同时削弱冲击流

地储存关节内的弹性势能）。当肌肉迅速回弹至未拉伸状态时，会提供一种"无成本"（无能量消耗）的推进力，驱动跑者向前。

厚鞋跟对跑步模式的影响

与赤足或穿着简易跑鞋相比，穿着现代跑鞋（有厚鞋跟）时，由于每分钟迈出的步数更少，因而会自动降低步频。步频的降低会对跑步速度产生明显的负面影响，因为跑步速度取决于步频和步幅。穿现代跑鞋会使每一步支撑在地面上的实际时间延长约 0.01 秒，导致跑者每 180 步（无能量消耗）就在地面上多停留 1.8 秒，从而降低跑步速度。

为什么现代跑鞋会对跑步模式具有如此坏的影响呢？现代跑鞋最糟糕的问题之一，在于鞋跟部分的材料将脚跟抬至比足部其他部分更高的位置。事实上，很多现代跑鞋的脚跟和前脚掌之间具有 0.5 英寸（1.27 厘米）的高度差。鞋跟区域的传统加垫常被认为能增强对冲击力的吸收能力，从而减少损伤风险，尽管在 19 世纪 70 年代推广有厚鞋跟的跑鞋后，损伤率并没有提高（图12.7）。事实上，很多跑者是根据鞋跟厚度选择跑鞋的，因为他们相信后跟抬高的鞋，在鞋子的后半部分有额外的泡沫材料，使每一步的触地更柔软。跑鞋公司也经常向那些需要"软着陆"的跑者们推销，宣称自己生产的有厚鞋跟的跑鞋能提供更好的缓冲功能。

与"零高度差"鞋子（指鞋跟与鞋子前半部分不存在高度差的鞋子）相比，所有这些有厚鞋跟的跑鞋的关键问题在于它们会带来更强的冲击流。穿有厚鞋跟的跑鞋的跑者普遍使用脚跟触地。研究表明，穿现代跑鞋的跑者中，90% ～ 95% 的人都是脚跟触地者[7]。而这样

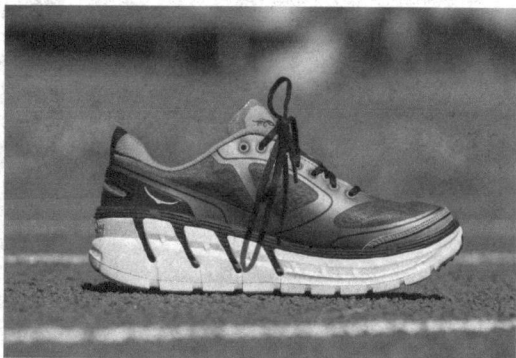

图 12.7 有厚鞋跟的跑鞋会造成一系列不良的跑步模式习惯，包括以脚跟、直腿和较大的 SAT 触地（因而产生较差的 ROS/MSA）

产生的结果是，与穿简易跑鞋或赤足跑步时的全脚掌触地相比，脚跟触地的瞬间冲击力要大得多。

来自肯尼亚的鞋类课程

以上结果都体现出鞋子所发挥的作用，穿着零高度差鞋子的跑者更可能采用全脚掌触地方式，而赤足的跑者更是鲜有脚跟触地的情况。

在一些地方，少年跑者大多赤足跑步，长大一些（通常是十几岁时）才会改为穿鞋跑步，而穿鞋跑会带来跑步模式的改变。笔者拍摄了大量 5 ～ 13 岁的肯尼亚儿童和少年的照片和视频，发现一个相同的模式：这些孩子们赤足奔跑时，总是使用全脚掌触地。在肯尼亚乡村可以发现，几乎 100% 的少年跑者都是全脚掌触地者（图 12.8）。

与此相反，十几岁或再大一点的肯尼亚跑者，开始穿着现代跑鞋，因而使用全脚掌触地的频率显著下降。笔者去过肯尼亚 25 次，拍摄了大量的跑者视频。据笔者估计，从赤足跑者到训练有素的穿鞋越野跑者，全脚掌触地的频率从普遍采用减少至 50% ～ 60%。

非常有趣的是，当赤足的肯尼亚少年跑者第一次穿上跑鞋后，几乎立刻转变为脚跟触地者（图 12.9）。

图 12.8 赤足跑者几乎全部采用全脚掌触地方式

图 12.9 赤足跑者穿上跑鞋后，几乎立即成为脚跟触地者

一系列与跑鞋相关的模式问题

跑鞋给足部触地方式带来的负面作用会引起一系列问题，下面详细介绍。

增强冲击流

如上所述，有厚鞋跟的跑鞋引发的脚跟触地，实际上会增强冲击流，而不是将其减弱。这看起来是自相矛盾的，因为脚跟触地跑者的脚跟是落在鞋子最柔软、底垫最厚的部位的。然而，这种厚垫式触地限制了本体感受，并因此可能无法开启神经系统中减弱冲击力的反馈循环。反馈循环能减缓冲击，并通常会在触地时产生更明显的跖屈和膝关节弯曲，二者都能缓冲冲击流。此外，脚跟虽然确实是落在现代跑鞋的厚鞋跟上，但是却绕开了足部前掌的力分散结构。

增大力负载率

相比于前脚掌触地，脚跟触地增大了力向上传递至腿部乃至全身的速率。因为脚跟触地不涉及脚的前部区域，而是与背屈的踝关节和相对伸直的双腿及没有弯曲的膝关节有关，因此在触地后没有缓冲腿部受力的解剖结构。

SAT 过大

脚跟触地通常伴有触地时相对伸直的腿部和超过 14 度的平均 SAT（图 12.10）。触地后，这会导致极大的冲击流和制动力。

增大垂直力

较大的 SAT 产生的垂直地面反作用力与身体重力相等或为身体重力的 1.5 倍，而此时的胫骨角度为正（触地支撑初始期间，胫骨到达垂直位置之前）。这就意味着垂直方向上的力大部分都成为制动力，而不是服务于向前的运动。因为力的方向是向上和向后的，而

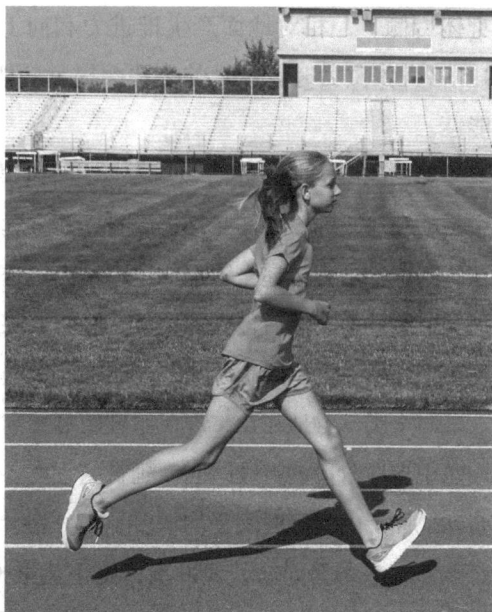

图 12.10　**穿着现代跑鞋的跑者更倾向于采用过大的 SAT**

不是向上和向前的。

尽管流行的跑步出版物中从未提及这一关系，但事实上步态中达到 1.5 倍身体重力的垂直冲击力是一项关键的模式要素，并且是预测整体跑步模式的一项非常好的指标。只要在冲击力达到 1.5 倍身体重力时，测量跑者的 SAT，就能立刻判断出其使用的模式的优劣！

例如，一名全脚掌触地者触地时的 SAT 为 6 度，而脚跟触地者的 SAT 为 15 度。从触地的时刻起，小腿和足部相对身体的其他部分向后移动时，地面反作用力就随之增加。最终地面反作用力达到身体重力的 1.5 倍。在这一时刻，全脚掌触地者和脚跟触地者的 SAT 差异远大于初始的 9 度。这是因为当 SAT 较大且通过脚跟触地时，力增大的速度非常快。

事实上，几乎在每一个脚跟触地的例子中，当力达到 1.5 倍身体重力时，SAT 都为正（足部位于身体前侧）。与之相反的是，几乎在所有全脚掌触地的情况下，力达到 1.5 倍身体重力时的胫骨角度都为负，足部位于身体后侧。

跑者想要在什么时间产生相对地面的为 1.5 倍身体重力的力呢？是 SAT 为正，相对地面产生制动力和向上、向后的力；还是 SAT 为负（足部处在身体后侧），相对地面产生推进力和向上、向前的力？地面反作用力达到 1.5 倍身体重力时，胫骨的位置会提示整体跑步模式的优劣和快速跑步的可能性。

现代跑鞋会导致跑者以脚跟、几乎笔直的腿和较大的 SAT 触地，然后产生制动和停止的效果。足部迈到身体前方远处，使制动力达到最大。触地发生在脚跟，冲击力传递至腿部的速率增大，这股力直接穿过脚跟——不经足部和踝关节缓冲——然后传到踝关节、胫骨、膝关节、腿的上半部分、髋部、脊柱和头部。

与全脚掌触地相比，现代跑鞋明显抬高了脚跟，引发脚跟触地，还延长了步态中支撑阶段的持续时间。延长的程度各不相同，但是脚跟触地时每一步花费在地面上的实际时间平均增多了 0.01 秒。这一数值看起来很小，但要记住，脚跟触地者每分钟迈步 180 次，跑 1 英里（约为 1.61 千米）耗时 6 分钟，那么在这 1 英里（约为 1.61 千米）内就浪费了 10.8 秒。使用全脚掌触地时，每一步无须花费这额外的 0.01 秒。因此跑者改变模式后，无须更多艰苦训练就可能将 1 英里（约为 1.61 千米）的成绩提高至 5 分 49.2 秒。

总而言之，现代跑鞋会明显引发脚跟触地。脚跟触地又致使跑者在地面上的每一步都花费更多的时间，使每一步都会产生更多的身体损伤，并带来更强的制动力、更小的推进力及更慢的跑步速度。

跑鞋对跑步模式的其他影响

除了引发脚跟触地以外，现代跑鞋还对模式有其他明显的影响。例如，现代跑鞋会增大静止点（足部摆动到相对身体其他部位最远的位置）处的 MSA。到达静止点时，大部分现代跑鞋会降低 ROS 或加大足部触地前相对地面向下、向后的动作的幅度。极大的 MSA 和较小的 ROS 会转化为普通长跑跑者极高但却次优的 SAT，为 14 ～ 20 度——相比之下，赤足或穿着简易跑鞋跑步的人这一角度为 2 ～ 6 度。这会在步态的支撑阶段产生不必要的极大的制动力。跑者在静止点处较大的 MSA 是在为脚跟触地做无意识的准备，而脚跟触地又与穿着现代跑鞋紧密相关。

总之，现代跑鞋与下列模式要素密切相关。

- 较大的 SAT（因为跑者需要尽量向前迈步，为脚跟触地做准备）。
- 支撑阶段需要耗费更长时间才可让胫骨到达垂直位置（因为足部在初次触地时位于身体前方的较远处），因此在支撑期会产生更大的制动力。
- 最大垂直推进力无法将小腿置于最佳位置（穿着现代跑鞋时，支撑阶段第一个冲击力峰值到来时，足部在身体前方过远的位置，SAT 为正值且过大）。
- 运动效率更低。一部分原因是缺少了与脚跟触地相关的弹性能量的储存和释放；另一部分原因是现代跑鞋的泡沫塑料鞋底不能像人类足部一样善于储存和返还能量。此外，也有现代跑鞋为足部提供的支撑平台不够稳定（这种不稳定需要通过消耗能量的神经肌肉机制进行校正）的原因。

要注意，对于很多跑者来说，将现代跑鞋换成简易跑鞋（也称极简主义跑鞋）是个好主意，但这并非没有风险。从战舰一般的增厚鞋跟跑鞋变为简易跑鞋往往会导致从脚跟触地方式转变为全脚掌触地（没有了鞋跟部位的加厚鞋垫，脚跟触地会突然变得很不舒服）。

当然，从长远来讲，全脚掌触地更好，但如果从每周 30 英里（约为 48.28 千米）的脚跟触地跑突然转变为每周 30 英里（约为 48.28 千米）的全脚掌触地跑，简直就是灾难。足部的跖骨和相关的结缔组织还不习惯吸收跑步时每只脚每分钟 90 次的冲击力（假设步频为每分钟 180 步）——这一任务之前是由增厚跑鞋的鞋跟来承担的。跖骨突然增大的工作负载会导致足部疼痛、水肿、跖骨炎症，甚至应力性骨折。

此外，全脚掌触地时，跟腱和小腿肌肉也在每一步承担了更多的工作。这是因为小腿结构必须控制每一步触地后的踝关节背屈，并在收缩时将其动态拉伸，而这会成为肌肉受损、酸痛和紧张的原因（脚跟触地时，小腿肌肉无须控制背屈，因为踝关节在触地时已经处于背屈状态，因此会进行跖屈，向胫骨施加压力）。这就是为什么跑者把现代跑鞋换为简易跑鞋跑 10 英里（约为 16.09 千米）后，第二天醒来时常常会感到小腿十分疼痛。

将现代跑鞋换成极简跑鞋后，需要怎样做才能预防与之相关的足部和小腿损伤呢？很明显，答案就是不要一直穿着极简跑鞋采用脚跟触地的方式跑步，而应当在穿着极简跑鞋的前几周内明显减少跑步量（千米数）。还可以采用高强度但不造成损伤的交叉训练（骑车、游泳、划船等）来进行锻炼。穿极简跑鞋的第一周内做一些合理的调整，如将跑步训练量减少到平时的 20%，不要进行长于 5 英里（约为 8.05 千米）的长跑。接下来连续几周内可以将这个比例逐步增加至 40%、60%、80%，最终达到平常训练量的 100%。开始采用极简跑鞋后，大约需要 1 个月的时间来恢复正常的训练水平。

足内翻和足外翻

跑者们有时会听说某些现代跑鞋能很好地控制步态支撑期的足内翻（踝关节向内转）和足外翻（踝关节向外转），从而保护足部免于受伤。这种说法有时会引起争议。例如，这种向内或向外的动作会引起膝关节的异常扭转，从而增加膝关节的不适感和损伤的风险。

随着这种想法的产生，穿着简易跑鞋会增加膝关节的损伤风险，因为简易跑鞋无法提供控制足内翻或足外翻以保护膝关节安全的特殊功能。

这种争论其实非常荒谬。首先，没有证据证明特殊的现代跑鞋能够控制足内翻和足外翻。事实上，由于现代跑鞋鞋跟加厚的特性，这种鞋本身具有内外侧方向上的不稳定性，从而导致足内翻和足外翻。不要在打网球时穿着现代跑鞋，因为当你绕着球场快速跑时，很有可能会造成膝关节或踝关节的损伤。

其次，没有科学证据证明，有较高程度足内翻或足外翻的跑者损伤的风险更高。相反，科学家指出造成跑步损伤的关键原因在于：第一，脚跟触地和很大的 VALR；第二，缺乏跑步的特定力量；第三，过度训练；第四，训练期间恢复不足；第五，旧伤（一半以上的跑步损伤来自旧伤复发）。

总　结

跑鞋对跑步模式的负面作用是可以改变的。事实上，跑者穿任何类型的跑鞋都能拥有良好的跑步模式，无论是现代跑鞋还是简易跑鞋，甚至是赤足。只是跑者穿着现代跑鞋时难度更大而已，除非他完全明了正确跑步模式的本质，并坚持不懈地进行适当的模式练习。现代跑鞋容易将跑者引入错误的跑步模式。现代跑鞋不仅不能提升稳定性，保护身体免受冲击力的伤害，提高跑步效率，而是会起到反作用。

参考文献

［1］ D.E. Lieberman et al., "Foot Strike Patterns and Collision Forces in Habitually Barefoot Versus Shod Runners," *Nature*, 463 (2009), 531–535.

［2］ Ibid.

［3］ Ibid.

［4］ Walter Reynolds, personal observation from "Good Form Running" Instructional Sessions in Lansing, Michigan (2012–2017).

［5］ Ibid.

［6］ I.S. Davis et al., "Greater Vertical Impact Loading in Female Runners With Medically Diagnosed Injuries: A Prospective Investigation," *British Journal of Sports Medicine*.

［7］ D.E. Lieberman et al., "Variation in Foot Strike Patterns Among Habitually Barefoot and Shod Runners in Kenya," PLOS ONE(2015).

第13章

特殊人群的跑步模式注意事项

跑者们通常都相信每个人都具有自己独特的跑步风格，这是最符合他自己的神经肌肉系统和解剖学特征的模式——因此对于运动学家和教练提出的一般模式建议可以不用全盘接受。不幸的是，这种广为流行的观念与事实相去甚远，因为物理定律对所有跑者一视同仁，不会因为个人而改变。跑步模式要解决的问题是如何在步态中正确地控制身体与地面的碰撞——这是一个由永恒的物理定律控制下的反复相遇问题。最终，跑者的任务是形成让损伤风险最小化的模式，提升能力并跑得更快。换言之，改进跑步模式的目标就是优化跑步期间推进力的产生。

在美国，每天大约有 5 000 万名跑者，但却没有 5 000 万种最优的模式。不过，存在着特殊跑者可以采用的基本模式。例如，一名想成为精英短跑运动员的跑者可以与精英长跑运动员（甚至不是精英，而仅是具有正确模式的长跑跑者）一样，采用同样的 SAT。但是与长跑跑者的动作相比，短跑跑者的 MSA 和 ROS 应该更大。本章将进一步解释不同群体的跑者的不同模式要素，以及一名跑者想要跻身某一特殊群体时必须做出哪些模式上的改变（例如，如何成为一名不受伤的跑者或是精英跑者）。

精英长跑跑者

长跑跑者采用的跑步模式迥异，但真正的精英长跑跑者们（例如，那些在不同比赛距离上进入国际田联前50名名单上的跑者）的模式差别并不大。近期研究显示，精英长跑跑者避免使用脚跟触地，而是使用前脚掌或全脚掌触地方式[1]。精英跑者跑步时还会采用相似的MSA、ROS、SAT及ROS/MSA。

打破世界纪录的精英长跑跑者、获得世界冠军的长跑跑者及在奥运会5 000米或更长距离项目中获得奖牌的跑者，在关键模式要素上具有以下共同之处。

- 比赛期间MSA为14～18度。
- 从静止点开始，每条腿向后扫8～12度，然后足部触地，SAT约为6度。
- 触地方式为全脚掌或前脚掌触地。
- ROS / MSA的值接近0.7。

毫无疑问，正是这些模式要素，结合运动期间优异的新陈代谢能力，让跑者跻身世界级长跑跑者的行列。

国际精英跑者和美国精英跑者的跑步模式差异

在高水平长跑竞赛中来自其他国家的精英跑者成为美国精英跑者强有力的竞争对手。从逻辑上看，跑步模式的差异造成了这种运动表现水平的差异。

例如，美国精英跑者采用全脚掌触地方式的概率较低，而更倾向于使用脚跟触地，因此增大了制动（和停止）力的持续时间和大小，并增大了每一步中垂直地面反作用力的增长速率。著名的美国跑者如德西蕾·林登（Desiree Linden）和莎兰·弗拉纳根都采用这种触地方式。

相比于国际精英跑者，美国精英跑者还更倾向于使用较小的ROS。这会导致每次触地时产生的动能较少，SAT更大（因此产生更大的制动力和停止力），ROS / MSA更小。

表13.1为美国女子精英长跑跑者的跑步模式指标。表中仅有一名跑者

［乔丹·哈塞（Jordan Hasay）］的两条腿都具有超过 0.5 的 ROS / MSA 值。事实上，也仅有一名跑者［莫莉·赫德尔（Molly Huddle）］一条腿的 ROS / MSA 值大于 0.5。注意莫莉·赫德尔是唯一一名全脚掌触地者，而且两只脚的 FAT 都为负，而乔丹·哈塞是平脚掌触地。埃米·克拉格（Amy Cragg）的左脚是轻微脚跟触地（FAT=1 度）。卡拉·古彻的右脚是轻微脚跟触地（FAT=1 度）。除此以外，其他人与地面接触时均用力地脚跟触地，FAT 为 6 度或更大——凯琳·泰勒（Kellyn Taylor）的 FAT 高达 20 度。可以从左右腿的差异、对脚跟触地的偏爱，以及极低的 ROS / MSA 值看出，美国女子精英长跑跑者进行的模式训练明显非常少。

　　表 13.2 为 8 名国际女子精英跑者（包括 7 名东非跑者）的跑步模式指标。从表中数据可以看出，国际女子精英跑者与美国女子精英跑者的指标相比，差

表 13.1

跑步模式指标：美国女子精英跑者

姓名	活动	腿	MSA/度	ROS/度	SAT/度	FAT/度	ROS / MSA
莫莉·赫德尔	跑道训练	右腿	23	9	14	−12	0.39
		左腿	26	14	12	−9	0.54
莎兰·弗拉纳根	2016 年美国奥林匹克马拉松赛	右腿	17	8	9	13	0.47
		左腿	14	7	7	6	0.50
埃米·克拉格	2016 年美国奥林匹克马拉松赛	右腿	17	7	10	7	0.41
		左腿	15	7	8	1	0.47
萨拉·霍尔（Sara Hall）	公路训练	右腿	19	5	14	10	0.26
		左腿	16	2	14	9	0.13
德西里·林登	2011 年波士顿马拉松	右腿	22	6	16	11	0.27
		左腿	21	10	11	11	0.48
乔丹·哈塞	10 千米赛	右腿	18	12	6	0	0.67
		左腿	16	10	6	0	0.60
凯琳·泰勒	公路训练	右腿	16	4	12	20	0.25
		左腿	10	2	8	8	0.20
卡拉·古彻	2011 年波士顿马拉松	右腿	18	5	13	1	0.28
		左腿	20	3	17	10	0.15

源自：Walt Reynolds, NovaSport Athlete Development.

表 13.2

跑步模式指标：国际女子精英跑者

姓名	活动	腿	MSA/度	ROS/度	SAT/度	FAT/度	ROS / MSA
玛丽·凯特尼	2010 年纽约马拉松	右腿	10	5	5	5	0.53
		左腿	10	5	5	0	0.54
蒂鲁内什·迪巴巴	2013 年荷兰蒂尔堡 10 千米公路赛	右腿	16	10	6	−2	0.63
		左腿	20	12	8	−4	0.62
阿尔马兹·艾安娜	2015 年苏黎世世界田联钻石联赛 3 000 米	右腿	20	17	3	−5	0.85
		左腿	20	14	6	−6	0.7
根泽贝·迪巴巴（Genzebe Dibaba）	2015 年卡尔斯巴德 5 000 米公路赛	右腿	17	12	5	−12	0.71
		左腿	25	18	7	−4	0.72
卡罗琳·基勒	2011 年波士顿马拉松	右腿	16	7	9	−2	0.44
		左腿	8	3	5	−3	0.38
葆拉·拉德克利夫	2008 年纽约马拉松	右腿	8	7	1	−1	0.88
		左腿	2	3	−1	−5	1.5
吉雷特·伯卡	2015 年国际田联 10 千米世界锦标赛赛道	右腿	24	14	10	0	0.58
		左腿	24	13	1	0	0.54
阿贝鲁·凯贝德（Aberu Kebede）	2013 年东京马拉松	右腿	8	5	3	−5	0.63
		左腿	12	7	5	−3	0.58

源自：Walt Reynolds, NovaSport Athlete Development.

别非常明显。

  表 13.2 中除了一人例外［卡罗琳·基勒（Caroline Kilel）］，其余跑者的 ROS / MSA 值均大于 0.5。这说明美国女子精英跑者们在每一步中产生的制动力更大，而且在每一次回到地面（支撑）时，制动力作用的时间更长。还要特别注意国际女子精英跑者们相对稳定的 SAT 值，大部分 SAT 都在 5～8 度。葆拉·拉德克利夫是个例外，但要注意她的黄金比例非常大。吉雷特·伯卡（Gelete Burka）的 SAT 值非常大，但被极大的 ROS 和非常好的 ROS / MSA 值所弥补。再来特别关注一下阿尔马兹·艾安娜（Almaz Ayana）［2015 年 5 000 米世界冠军、2016 年奥运会 10 000 米金牌得主（29 分 12 秒）及 2017 年 10 000 米世界冠军］惊人的爆发力：阿尔马兹的双腿具有很

好的 ROS / MSA 值，右腿为 0.85，左腿为 0.7。她那令人惊叹的速度来自大幅度且强有力的扫腿动作对地面造成的爆炸性的撞击。

非精英跑者

尽管众多跑者千差万别，但非精英跑者（即普通跑者）适用的模式要素有许多共同点。

ROS 和 MSA

相较于精英跑者，非精英跑者的 MSA 会更大。同时，非精英跑者的 ROS 非常小，他们更倾向于在达到 MSA 后直接将足部落到地面上，而不是腿部明显向后扫，足部再接触地面。因为非精英跑者的 ROS / MSA 值更小，有时会低至 0.1，而精英跑者的该项比值为 0.7。你在社区里看到沿着街道慢跑的普通跑者，其 MSA 通常为 18 度，SAT 为 16 度，ROS / MSA 值为很小的 2/16（即 0.125），这样的比值将造成最大限度的减速和制动及最小的向前推进力，并把动能传递给地面。

ROS 和 SAT

由于非精英跑者的 ROS 很小，因此他们的 SAT 会很大，可能高达 16 度（图 13.1）。

这就是普通跑者比精英跑者感受到更大的制动力的关键原因，也是非精英跑者总在错误的时间（胫骨到达与地面垂直的位置之前且胫骨角度仍为正值时）产生较大的垂直地面反作用力的原因。非精英跑者就好像把自己的腿当作竹竿进行撑竿跳，而不是在触地后爆发性地向前弹跳。

脚跟触地方式与制动力

普通跑者倾向于使用不太弯曲的膝关节和相对伸直的腿触地，这样会加快制动力向腿部传输的速度，增大制动力并减弱触地后膝关节缓冲震动、分散受力的作用。另外，非精英跑者更愿意使用脚跟触地。事实上，研究发现，95%以上的非精英长跑跑者都使用这种方式触地[2]。

图 13.1　非精英跑者几乎没有扫腿动作，ROS 仅有 2 度，SAT 为 16 度

在地面上的时间

普通跑者每一步在地面上的停留时间都长于精英跑者。事实上，研究发现，普通长跑运动员的步态中，用在地面上的时间总和约占其总跑步时间的70%，相比而言，精英跑者的这一占比为 50%。消耗在地面上的时间越多，意味着向前腾空飞跃的时间越少，因此跑步速度就越慢。以 10 千米跑的速度跑步时，精英跑者每一步在地面上的停留时间为 160 ～ 180 毫秒，而普通跑者要用 220 毫秒。

长跑运动员和短跑运动员

高水平的短跑运动员与长跑运动员在模式上也具有一些共性。例如，无论是高水平的短跑运动员还是长跑运动员，他们的 SAT 都较小，平均为 6 ～ 8度。两类运动员的 ROS / MSA 值也基本类似，约为 0.7。例如，博尔特，他的100 米世界纪录为 9 秒 58；埃利乌德·基普乔盖，世界上最快的马拉松运动员，他的非世界纪录时间为 2 小时 24 秒。他们二人的 ROS / MSA 都约为 0.7。

　　但是，短跑运动员和长跑运动员之间还存在一些关键的不同之处。例如，精英短跑运动员的 MSA 远大于长跑运动员（通常前者是后者的 2 倍）。这反映出精英短跑运动员的速度更快，需要用腿部更大程度地敲击地面，以便在更长时间内加速。这让腿部在触地的瞬间就立即获得较大的速度，从而将更多的动能传递给地面。100 米跑世界纪录保持者博尔特在比赛中的 MSA 经常可以达到 27 度，而 2014 年马拉松世界纪录保持者基梅托参加马拉松时，通常每一步使用的 MSA 为 16 度，基普乔盖在跑出 2 小时 24 秒的好成绩时，MSA 仅为 10 度。比赛中，基梅托跑得没有博尔特快，因此与博尔特相比，他只需要将腿伸到身体前方的一半位置处。虽然基普乔盖的腿伸得没有基梅托远，但他的 ROS 更合理，这有助于他达到更快的马拉松速度。

　　精英短跑运动员和精英长跑运动员的 SAT 相近，因此 ROS 便明显不同。例如，博尔特的 ROS 约为 20 度，基梅托的 ROS 约为 8 度。因此博尔特的 ROS / MSA 为 20 / 27（约 0.74），基梅托的这一比例为 8 / 16（0.50）。

　　如上所述，这些模式上的区别导致了博尔特和基梅托巨大的速度差异。与基梅托相对保守的足部反向运动相比，博尔特的 ROS 更大，每一步施加于地面的动能更大。另外，博尔特的腿部在 ROS 期间比基梅托运动得更快。研究指出，在 ROS 期间，博尔特的腿部能够以每秒 300 ～ 350 度的速度向后摆动，而基梅托腿部摆动的速度为每秒 100 ～ 150 度[3]。

　　短跑运动员和长跑运动员触地时的胫骨角速度也大相径庭，精英短跑运动员的角速度超过每秒 1 000 度，而精英长跑运动员约为每秒 500 度。非精英运动员支撑期的角速度更慢，但在短跑和长跑跑者中仍体现出差异。

　　精英短跑运动员和精英长跑运动员的触地时间（支撑阶段）也大不相同。博尔特在 100 米比赛中，每一步停留在地面上的实际时间不超过 83 毫秒，其他著名的短跑健将如卡尔·刘易斯（Carl Lewis）和贾斯廷·加特林（Justin Gatlin）的触地时间经测量也为 83 ～ 100 毫秒。与之形成对比的是，精英长跑运动员每次触地时间约为 160 毫秒，普通跑者每一步停留在地面上的时间为 220 毫秒甚至更长。

短跑健将的空中腿

截至目前，本章重点几乎完全是地面腿——即将与地面产生稳定接触或已经与地面接触的那条腿。然而，当我们测量和评估模式的时候，空中腿也是非常重要的——这条腿刚刚离开地面，向后移动，随即向前达到静止点，然后再向后、向上画出第 1 章中提到的"四季豆"形轨迹。在跑步期间，随着跑者向前运动，空中的腿一定会成为地面的腿，地面的腿也会变成空中的腿。左右腿在步态中循序变换着角色。

在短跑中，空中腿扮演了一个相当重要的角色。短跑的指导思想是让每只脚触地时，垂直于地面的反作用力达到最大化，空中腿在这项任务中协助地面腿。

要理解这一点，跑者可以在自己的浴室体重计上称一下体重。注意，低头看数字时，可以发现体重计上的数字会随着自身移动而变化，足部踩压和身体位置的少许改变也会引起轻微的变化。现在把手臂在头顶上挥摆，同时注意观察体重值。发生了什么？向上摆动手臂会立刻让体重值有所增加，因为施加在体重计表面的力更大。这是牛顿运动定律的必然结果。任意一个力，都存在与之大小相等、方向相反的反作用力。手臂向上的推力（源于指向头顶的力）产生了大小相等、方向相反的反作用力，即向下指向体重计的力。

这意味着在跑步期间，空中腿向上摆动（所谓的高抬膝动作），通过地面腿向地面施加了力，由此增大了垂直推进力。这就是为什么（初次触地时）短跑运动员的空中腿总是比长跑运动员的空中腿摆动得更远。在地面腿初次触地后，短跑运动员的空中腿必须尽量稳定地向上迈出，以产生最大的垂直地面反作用力。空中腿帮助地面腿向下推跑步地面，由此提升速度。

这就加强了一个概念，就是短跑运动员应当在训练期间努力将其后侧力最小化，即应当提升脚趾离地后腿部的运动速度，在另一条（地面）腿与地面接触时，让摆动的腿能够处于合适的向上驱动的位置。

男性跑者与女性跑者

　　流行的文章常指出女性和男性的跑步模式在一定程度上存在差异，并且这一差异通常主要体现于大腿与髋关节所形成的角度（Q 角）上。因为女性的髋部相对于身体尺寸而言较宽，因此"Q 角"通常更大（图 13.2）。这一差异可能造成的影响从来没有完全明确过，但有一个可能性是女性跑者在触地时更倾向于踝关节轻微外翻，这使她们在支撑阶段产生更大范围的足内翻，从而增加损伤风险。换言之，女性相比男性，更容易使用鞋子外侧（侧边）触地，因而会在支撑阶段产生更加明显的踝关节内向旋转（足内翻）。

　　不过，有些新研究认为足内翻与较高的损伤风险之间并无实质性关系[4]。更何况物理定律在不同性别的跑者之间也不存在差别。本书中讨论到的模式要素——足部触地方式、MSA、ROS、SAT 和 ROS／MSA 等——在男性跑者和女性跑者的模式优化上是一致的，因为两者的身体都适用于牛顿运动定律。一项关于男性和女性世界纪录保持者的研究显示，男性跑者和女性跑者从 200 米至马拉松的基础模式指标完全一致[3]。仅有一名世界纪录保持者例外——弗洛伦斯·格里菲特·乔伊纳（Florence Griffith Joyner）——她刷新了 100 米世界纪录，而且她的 MSA 非常大，约为 34 度，SAT 约为 12 度。这就意味着男性跑者和女性跑者训练和模式要素优化的整个过程是相同的。

　　话虽如此，也有人可能会提出逻辑上的争论，认为从预防损伤的角度来看，对女性跑者来说，模式训练更加重要。女性的 Q 角更大，相比男性髋部所产生的扭转也更大，因此足部触地方式更加重要。相较于全脚掌触地，脚跟触地方式会在

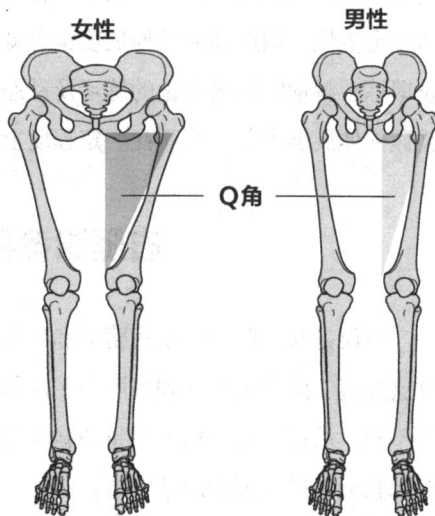

图 13.2　女性跑者的 Q 角越大，踝关节在落地时产生外翻、站立时出现足内翻的风险就越高，进而引发损伤

短时间内让髋部产生非常大的扭转力，这也会带来更小的 VALR。

年长跑者与年轻跑者

与男性、女性跑者对比的情况一样，年长的跑者和年轻的跑者在跑步期间受到的力是相同的，需要优化的模式指标也是一样的。模式训练对所有跑者来说都类似，无论年龄几何。

话虽如此，相较于年轻跑者，年长的跑者在后侧力上更容易遇到问题。脚趾离地后，年长跑者往往没有那么多的髋部伸展，且年长跑者在身体后侧摆动腿部的动作更加迟缓无力。由于腿部的动作较慢，无法及时地移动至恰当位置，以支持空中腿的高抬膝动作，而这种动作又偏偏对时效性的要求非常高。

这一点可以通过使用第 8 章和第 14 章介绍的练习加以矫正。年长跑者髋部伸展性的不足，不仅关系到脚趾离地后腿部向后摆动的功效，也是支撑阶段角速度较慢的原因。由于年长跑者在支撑阶段腿部移动更慢，足部离开地面的速度也更慢，因此髋部的伸展度也更低。这些情况至少可以通过特定的跑步力量锻炼、触地时间最小化的练习及动态移动训练，来提升髋屈肌的柔韧性（加强髋部伸展能力），从而在一定程度上加以矫正。

右腿跑者和左腿跑者

不仅是众多跑者的模式要素和指标千差万别，单个跑者内部也存在差别。这就是说，跑者的左腿和右腿在一次触地到下一次触地之间的动作表现也有些许不同。然而，每个跑者的每条腿都存在明显的独特的模式。右腿或左腿的行为都趋近于模式要素的基本值。

一位独立的跑者，其自身内部最大的差异就在于其右腿和左腿的差异。有些令人吃惊的是，大部分跑者的双腿功能都不尽相同，右腿与左腿的指标（MSA、SAT、ROS、ROS / MSA，甚至是足部触地方式）也不同。

有些区别会十分明显。例如，与笔者共事的一位精英跑者表示，他在比赛中左腿的 MSA 为 18 度，SAT 为 6 度，ROS 为 12 度，ROS / MSA 值约为 0.67，并且用的是完美的全脚掌触地方式；而右腿的 MSA 为 17 度，SAT 为 10 度，ROS 为 7 度， ROS / MSA 值仅约为 0 .41，并且用的是令人烦恼的脚跟触地方式。除了这些较大的差异以外，精英跑者的下肢还会表现出他们自己都没有意识到的行为差异。这些差异也可以使用本书介绍的练习进行全面的矫正。

这些问题的确是教练们日思夜想的。首先，需要获得有关模式的真实指标，让教练和运动员们有的放矢。其中很令人振奋的一点是，运动员速度和耐力的提升不仅可以通过长期具有挑战性的训练实现，也可以通过模式优化的方式加以实现，并且后者达成目标所需的时间更短。事实上，模式练习是跑步训练的基础，跑者应当在训练开始之前认真进行。否则，跑者最终可能一条腿是"模范"腿，另一条腿是"缺陷"腿，或者形成错误的跑步模式，使通过艰苦训练好不容易才取得的进步白白消失。采用错误的模式，跑者即使拥有最强健的心脏和肌肉，以及最强的有氧能力，其跑步表现水平最终也不过是类似劳斯莱斯发动机配方形轮胎罢了。幸运的是，我们现在有了具体的数据（MSA、 ROS、SAT、 ROS / MSA 和 FAT）可用，能够将其作为目标，用于指导跑者们优化模式。

总 结

改进模式时，每一个跑者（男性、女性，短跑、长跑，年轻、年长）的任务都相同：学习如何通过协调与地面的反复撞击，以达到最优的 MSA、SAT、ROS、 ROS / MSA 和 FAT。这样做还能提升跑步速度和耐力，并降低损伤风险。

普通跑者与精英长跑运动员的这些要素存在很大差异，但普通跑者也应当努力改善自己的模式数据，向精英们靠拢。这样做可能不会打破世界纪录，但是可以提高运动表现水平，降低损伤风险。

短跑跑者和长跑跑者之间在触地方式上存在模式差异，短跑跑者更倾向于使用前脚掌触地，而想要优化模式的长跑跑者的目标是使用全脚掌触地。短跑跑者的 MSA 和 ROS 更大，在 ROS 期间及扫腿期间的角速度更大，支撑时间更短，步频也更高。

参考文献

[1] Walter Reynolds, "Maximal Shank Angle, Reversal of Swing, and Shank Angle at Touchdown in World Record Elite Distance Performances," unpublished (2015).

[2] H. Hasegawa et al., "Foot-Strike Patterns at the 15-km Point During an Elite-Level Half Marathon," *Journal of Strength and Conditioning Research* 21, no. 3 9(2007): 888–893.

[3] Walt Reynolds, personal communication, February 7, 2017.

[4] B.M. Nigg et al., " Running Shoes and Running Injuries: Mythbusting and a Proposal for Two New Paradigms: 'Preferred Movement Path' and 'Comfort Filter,'" *British Journal of Sports Medicine* 49, no. 20 (2015): 1290–1294.

第 14 章

跑步专项力量训练

跑 步专项力量训练可以改善跑步表现中至关重要的 6 个要素。

1. 每一步施加于地面的垂直力。
2. 每一步施加于地面的水平推进力。
3. 触地时胫骨的角速度。
4. 每一步施加垂直和水平推进力所需的时间及因此产生的步频。
5. 摆动腿为触地腿增加的垂直推进力。
6. 最大垂直推进力（最大跑步速度的关键预测指标）。

进行针对跑步的专项力量训练是非常必要的。跑步专项力量训练能够模仿步态的力学机制。因此，跑者能将所获得的力量增益直接、明确地转变为跑步的动作。

第 8 章中"常规爆发力训练"的重点是向地面快速施加推进力。本章的练习则着重于提升跑步相关的力量——尤其是在支撑阶段向地面施加更大的推进力。

前面的章节中解释了步态中足部的轨迹对形成正确模式的重要性。足部应当画出类似四季豆的形状，"四季豆"的尖端指向前方（图 14.1a）。

"四季豆"的尖端很特殊，因为它代表着足部和胫骨到达前方最佳的位置点，然后主动、明显地高速向后回到地面。这样会增大 ROS 和最重要的 ROS / MSA 值，并提供关于跑步模式的即时反馈。

不幸的是，普通跑者在步态中不会体现出类似的尖端，他们的典型动作是向前移动足部和小腿，然后在到达 MSA 后一脚踩地，制造出非常小的 ROS，向地面施加极少的动能，同时还使用易造成损伤的脚跟触地。跑步专项力量训练可以通过改善摆动期间对足部和小腿的控制，增加 ROS 的大小和速度，增大施加给地面的动能质量来矫正这些缺陷（模式正确的跑者的动作见图 14.1b 和图 14.1c）。

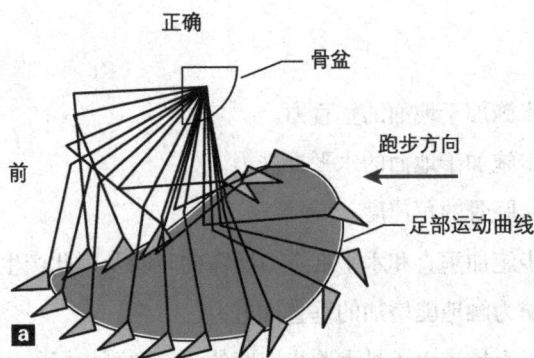

图 14.1 **a. 跑步期间，足部运动的轨迹为"四季豆"形，在最优情况下，其尖端在前**

图 14.1（续） b. 模式正确的跑者会将足部摆至身前；c. 她会在触地前将足部向身体方向收回很多，以制造出"四季豆"形的尖端

提升跑步专项力量训练

在进行本章中的跑步专项力量训练时，跑者应尽量保持自己在跑步中的真实感受。训练时上身不要紧张，不要向下紧盯着双腿——跑步时是不会这么做的。同时要有节奏地、顺畅地进行训练，不要做有时限或者激烈的动作。在充分的热身活动后，进行以下练习。

单腿蹲起

此练习能增强触地时的垂直推进力，改善支撑阶段的稳定性，并提高跑步效率和抗疲劳性。

重复次数

每组重复 12 次，每条腿完成 2 组，两组之间短暂休息 10 秒。

动作

下蹲时保持正确姿势，上身不要前倾，在髋部和下蹲（支撑）腿的膝关节持平之前，不要让躯干下沉，然后伸直腿，回到起始位置（图 14.2）。把放在身后台阶或板凳上的后脚脚趾摆放平衡，仔细确认后脚完全不承受身体重量。每次下蹲时，后侧非支撑腿的膝关节应当沿着垂直于支撑脚脚跟的直线下降。在没有增加阻力的情况下开始单腿下蹲。通过稳定地手持较重的哑铃或在肩部放置较重的杠铃来逐步增大阻力，以提升力量和稳定性。

图 14.2　a. 单腿蹲起的起始位置；b. 单腿蹲起的下降位置

跑者姿势

这一训练能提升摆动腿协助触地腿向地面施加垂直推进力的能力。

重复次数

每组重复 15 次，每条腿完成 2 组。

动作

要进行此练习，首先放松站直，想象身体中间有一条直线，双脚分立在该线两侧（图 14.3a）。然后把右大腿向上、向前摆动，直到与地面平行（图 14.3b）。做动作时，右腿膝关节弯曲，从而使腿的下半部分直指地面，接近于垂直。左脚支撑全身重量。右腿向前、向上摆动的同时，向前摆动左臂，和平时跑步时的动作一样。支撑腿（左）一侧的髋部、膝关节和踝关节轻微弯曲。保持这个姿势——右腿抬起几秒，同时保持身体在放松状态下的稳定和平衡。然后将右腿放回地面，左臂回到体侧的放松位置，此时就完成了一次动作。

右侧大腿再重复向上摆动 14 次。然后换左腿重复 15 次，此时换右腿支撑全身重量。每条腿各自再重复一组动作。随着跑者的力量越来越强，技术性和协调性越来越好，可以加快大腿的移动速度，之后还可使用中等至高等强度的拉力器。

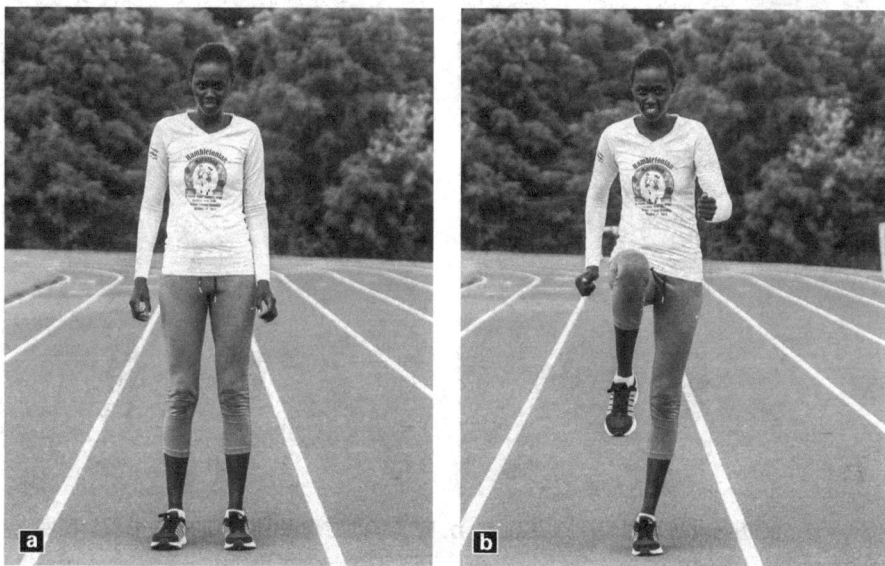

图 14.3　a. 跑者姿势的基本位置；b. 跑者姿势的高抬腿位置

反向踝关节背屈脚趾行走

此练习能提升足弓和足底结构的力量，帮助跑者形成更高效的全脚掌触地方式，同时能够提升跟腱和小腿肌肉的动态力量和灵活性，让跑者能够以更加可控、稳定和能量回馈的方式使用全脚掌触地，并降低损伤风险。

重复次数

每组 20 米，完成 2 组，两组之间短暂休息 10 秒。

动作

踮起脚尖，尽量站直。保持平衡，维持一段时间，然后开始用脚趾缓慢地向前小步行走。每步 1 ～ 2 秒，步幅为 10 ～ 12 英寸（25.40 ～ 30.48 厘米）。做这些动作的同时保持身体直立、平衡。踝关节背屈，放松脚趾，在每一步中，向前移动的腿尽可能向上抬高，同时使用支撑脚的脚趾和跖球来保持平衡（图 14.4）。

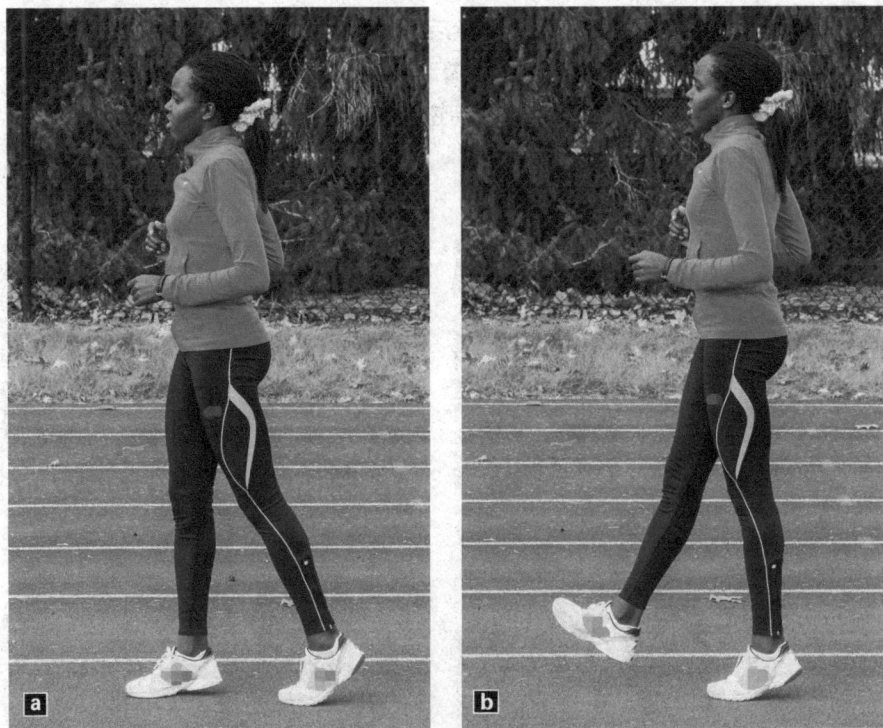

图 14.4　a. 进行此练习时保持脚尖踮起；b. 向前移动时确保摆动脚的踝关节保持背屈

挑战平衡、塑造核心的药球弓步运动

此练习有益于腿部力量、核心力量、上身力量及平衡性，还有助于跑者以特定的方式来增强核心力量，并因此使跑者的上身在跑步期间更加稳定。此运动会帮助跑者形成更好的整体模式，并提升效率。跑者可通过逐渐增加重复动作的次数和药球的重量，进行进阶练习。

重复次数

每组重复 10 次，每条腿完成 2 组。

动作

以起跑准备姿势站立，双脚自然分开并指向正前方。踝关节、膝关节和髋部轻微弯曲。腹部和臀部轻度收紧，向前拉动骨盆的底部。肩部放松，轻微下沉，不要向上、向前耸起。双手举起一个 7 ～ 11 磅（约 3.18 ～ 4.99 千克）的药球，球的重量取决于自己的力量。左脚向前跨出一大步，以全脚掌触地，快速、流畅地完成一次弓步蹲，让左侧大腿平行于地面。做以上动作的同时，右脚踮起脚尖。保持这一姿势，右脚仅用于保持平衡，而非支撑体重。让药球位于左膝外侧（图 14.5a），然后用流畅的动作将药球分别向上、向前、向右举起，最终让药球停在右肩上方（略微偏右的位置）（图 14.5b）。运动时保持躯干直立，双臂相对伸直。这种对角的向上摆动能够加强核心区域和上身的力量，也为弓步姿势带来不稳定性（由此加强了腿部的力量和稳定性）。在运动时，尽量保持完美的弓步姿势和躯干的稳定性。一旦药球到达最高点，就立即使其顺畅地返回左膝外侧（类似砍柴动作），这样就完成了一次动作。

以这种方式重复 9 次，然后改变弓步姿势。这次右脚向前做弓步。右脚向前作为支撑脚维持弓步姿势，左脚在后作为平衡结构。重复 10 次基本动作的练习。这一次将药球置于右膝外侧，然后迅速向前、向上举起，停在左肩之上，稍微偏左的位置，然后用类似砍柴的动作使药球返回右膝外侧。

图 14.5 **a.** 挑战平衡、塑造核心的药球弓步运动的起始位置，将球置于支撑腿的膝关节外侧；**b.** 挑战平衡、塑造核心的药球弓步运动的中间位置，伸直双臂，将球高高举过支撑腿（弓步）对侧肩膀的上方

脚趾平衡偏心触碰

此练习能提升足部、踝关节和腿部在触地时的稳定性，并提升支撑阶段胫骨的角速度，以产生更大的垂直推进力。此外，这一动作还能提升跟腱和小腿结构的力量，从而降低采用全脚掌触地方式跑步时的损伤风险。

重复次数

每组重复 10 次（即重复 10 次正前方、10 次外侧、10 次内侧），每只脚完成 3 组。

动作

要正确进行此运动，首先应面对一堵墙或其他物体用右脚单脚站立，右脚脚趾距离墙面 30 ～ 36 英寸（76.20 ～ 91.44 厘米）（运动期间可能需要轻微调整距离）。左脚离地，置于身体前方，左腿伸直。然后弯曲右腿膝关节，同时让上半身以相对竖直的姿势，基本位于右脚的正上方。弯曲右腿进行弓步动作，同时左脚朝墙移动，直到脚趾碰到墙面，左腿保持相对伸直（图 14.6a）。结束动作后回到起始位置。将此动作——右腿弓步，左腿向前触碰墙壁——重复 10 次。

接下来进行同样的基础动作，这一次左腿向左前方伸出（对角线或外侧），向墙壁靠近时保持左腿伸直（图 14.6b）。做这些动作时，控制你的右侧支撑脚不要向内侧大幅翻转。注意左脚可以不用完全触碰到墙壁，因为它还需要在正前方沿额状面（从右到左）移动，以及沿矢状面（从后到前）移动。确保左脚运动时右腿保持一个完美的弓步下蹲。完成弓步下蹲和触碰动作后，你应该会感到右脚跟腱强烈的紧张感和扭转动作（这种扭转最终会提升跟腱的力量和损伤抵抗力）。将此动作（向左前方）重复 10 次。

完成以上动作的最后一次重复后，回到起始位置。然后进行同样的基础动作，只是在试图用脚触碰墙壁时将左脚伸到身体右前方（图 14.6c）。做这些动作时，控制住右脚和右脚踝关节，不要让右脚明显地向外侧翻转。回到起始位置，就完成了一次左脚的内侧动作。重复完成 10 次内侧动作。

在进行此项运动的整个过程中，保持上身直立并放松。不要让躯干向后或向两侧倾斜。完成每个重复动作时（正前方、外侧和内侧），都应保持直立，面向墙壁，确定支撑脚正对墙壁。完成左脚的一整套动作（10 次正前方、10 次外侧、10 次内侧）后，再用左脚作为支撑脚，右脚朝向墙壁运动，完成一整套动作的重复（首先 10 次正前方，其次 10 次外侧，最后 10 次内侧）。

图 14.6　a. 每次触墙时脚趾都向前伸直，保持平衡和偏心触碰；b. 外侧触墙时，脚趾的平衡和偏心触碰；c. 内侧触墙时，脚趾的平衡和偏心触碰

高凳踏步

此练习能提高触地时的稳定性，并增强垂直推进力。

重复次数

每组重复 10 次，每条腿完成 2 组。

动作

起始时站在 6 ～ 8 英寸（15.24 ～ 20.32 厘米）高的高凳或台阶上，右脚支撑体重。左脚放松，向身体后方略微抬起。用右腿做下蹲动作，身体有控制地降低，直到左脚脚趾触碰到凳子后方的地面，但仍使用右腿支撑体重（图 14.7a）。然后用右脚向下压凳子，伸直右腿（图 14.7b）。同时，向前、向上摆动左腿，直到左大腿与凳子表面平行（与"跑者姿势"的站姿类似）。左腿向上摆动时左腿膝关节弯曲，随着左腿向上、向前摆动，右臂也自然向上摆动。将这个左腿在上的姿势保持一段时间。此时算完成了一次重复动作。然后缓慢、流畅地使用右腿下蹲，将左脚脚趾降低到凳子后面的地面上，开始第二次重复。

以这种方式运动，直到完成规定的重复次数。然后换左腿支撑体重，右腿完成规定的重复次数。整个运动期间保持身体直立，下蹲时控制身体，脚在凳子后方下落时身体不要向前倾。在凳子后侧下落的脚应轻轻触碰凳子后方的地面，而不要用这只脚来支撑体重。足部的下落不是通过触碰地面的动作，而是通过支撑腿的下蹲完成的。

通过增加重复数，手持哑铃，以及逐渐增加哑铃的重量，来逐步增加此练习的难度。

图 14.7　a. 高凳踏步的下落位置，非支撑侧的脚趾触碰凳子后侧的地面；b. 高凳踏步的升高位置，非支撑侧的大腿抬起

使用弹力带的骑车摆腿运动

此练习能够提升足部和小腿的控制能力，有助于达到静止点后促进更好的 ROS，并提升腘绳肌的功能性力量和抗疲劳性。

重复次数

每组重复 50 次，每条腿完成 2 组。

动作

开始摆腿之前，由左腿完全支撑体重，用右手扶住墙或其他支撑物体以保持平衡。弯曲右侧髋部，将右腿膝关节抬高至腰部，使大腿与地面平行（图 14.8a，大腿比图中看到的抬得更高）。做这个动作时，右腿膝关节弯曲至 90 度或以上。大腿与地面平行后，开始伸展右膝（向前摆动右腿的下半部分，伸直膝关节），直到右膝关节完全伸展，腿部几乎伸直，大腿应仍然与地面保持平行。右侧膝关节几乎完全伸展时，允许右侧大腿向下、向后动作（图 14.8b）。然后开始弯曲右膝关节，右脚"抓"或"刨"身体下方的地面，直到整条腿在身体后侧完全伸展（如同完整的跑步迈步过程）。当髋部几乎完全伸展时，停止向后摆动，弯曲右腿膝关节以抬起右脚跟（图 14.8c）。此时右脚跟应缓慢地向臀部移动。与此同时，开始将右膝关节向前移动，直至回到身体前方的位置，右侧大腿仍然与地面平行。以连续、流畅的方式重复以上动作。

当跑者能够协调地完成所有动作后，努力将频率提升至 10 秒钟左右完成 12 次摆动。当跑者能够完全协调地完成基础动作后，在踝关节处绑上强力弹力带进行摆动。弹力带的另一端绑在固定的桌腿、篱笆、栏杆或其他结构上（与膝关节同高）。跑者面朝固定物站立，与该物体保持足够的距离，以便向前摆动时弹力带能够明显地给腿部加速。这种加强后的向前加速会向跑者的腘绳肌施加压力，最终强化腘绳肌的力量。

通过逐渐增加重复次数或稳步增强弹力带的强度级别，来增加此练习的难度。如果完成练习后感受到腘绳肌有强烈的疲劳感，则说明跑者正确地进行了这项练习。

图 14.8　a. 摆腿期间，弹力带拉动非支撑腿快速向前摆动；b. ROS 末期，非支撑脚有力地"抓、刨"地面；c. 髋部伸展和向后摆动末期，非支撑腿准备再次向前运动

使用弹力带的反向骑车摆腿运动

此练习能改善 MSA 和摆腿能力，以增强触地腿产生的垂直推进力。因为根据牛顿运动定律，腿部离地后向上、向前的摆动越迅猛，支撑腿施加于地面的向下力越大。

重复次数

每组重复 50 次，每条腿完成 2 组。

动作

此练习与前面描述的常规骑车摆腿运动完全一致，只是练习者应背对固定物绑上弹力带（图 14.9）。弹力带会阻碍腿部向前摆动，而不是加速腿部向前摆动。通过逐步增加重复次数和提升弹力带的强度来逐渐加强训练。

图14.9　a. 弹力带用于阻碍而不是帮助腿部向前摆动，由此产生更强的髋部屈曲力；b. 在下一次向前摆动之前，弹力带实际上将腿部拉回，让髋部完全伸展

半　蹲

此练习能增强触地时的稳定性，并增强最大垂直推进力。

重复次数

每条腿完成 1 组。

动作

右脚位于右肩的正下方，单腿站立，保持右腿膝关节轻微弯曲，并保持放松，呈直立姿势。如果愿意，可以手持较轻的哑铃。从右脚踝关节处开始，整个身体略向前倾斜，以右脚的全脚掌承受体重。左腿膝关节弯曲，左脚完全离地（图14.10a）。左脚悬空——但是在进行半蹲动作的整个过程中，可能需要左腿短暂点地以保持平衡。

如果是进行传统的单腿半蹲，此时就要弯曲右腿膝关节让身体下降，直到大腿和小腿后部在右腿膝关节处呈 90 度。此时，大腿和地面几乎平行。但是在此项半蹲练习中，仅需向地面下降一半的距离，大腿和小腿后部约呈 135 度（图 14.10b）。然后回到起始位置（右腿基本站直），身体保持直立姿势。

以上述方法继续进行 9 次半蹲。然后不要休息，开始第 11 次半蹲，但是这次不要立即起立，而是让这个半蹲姿势（135 度的位置）保持 10 秒。这是一个静态保持姿势。

静态保持 10 秒之后，立即（不休息）再进行 10 次半蹲，然后完成另一个 10 秒的静态保持姿势。接着再进行 10 次半蹲，再静态保持 10 秒。此为一组动作。

综上所述，一组动作的过程如下（一组动作内无休息时间）。

1. 10 次半蹲。
2. 身体在低位静态保持 10 秒。
3. 10 次半蹲。
4. 10 秒静态保持。
5. 10 次半蹲。
6. 10 秒静态保持。

完成一组后，换腿执行同样的一组动作。如果每条腿都能够不停歇地完成一整套动作，则可以增加哑铃的重量。每个哑铃每次增重约 2.5 磅（约 1.13 千克）。在

图 14.10　**a. 半蹲的起始位置；b. 半蹲的下降位置**

没有大问题的情况下，每条腿每次能够完成一整套动作后，则可以在后续训练中继续增加重量。

在训练的力量构建阶段，每周大约完成 2 次完整的力量训练，以增强跑步专项力量。然后在整体训练方案的速度构建阶段，进行第 8 章的常规爆发性训练，每周 2 次。在第 15 章中了解如何将模式练习、跑步专项力量训练和爆发性训练集成到整体训练方案中。

总　结

跑步专项力量训练对关键的跑步模式要素具有深远影响。跑步专项力量训练能够改善摆动和 MSA、ROS 的幅度和速度、支撑阶段施加于地面的垂直力和水平力、触地时胫骨的角速度、支撑阶段对地面施加最优垂直力和水平力所需的时间，以及通过摆动腿为触地腿增加的垂直推进力的总量。跑步专项力量训练还能够增强最大垂直推进力，而这是最大跑步速度的关键预测指标。

因此，跑步专项力量训练为改善跑步模式、提高表现水平和预防损伤提供了一系列的好处，它应当成为整体训练方案的一个基础部分。

第 15 章

将模式训练融入赛季训练

我们已经采用了碎片式的方法来塑造良好的跑步模式——通过控制足部和腿部与跑步地面之间的相互作用，而非通过传统的调整躯干、手臂、肩部、颈部和头部的方法。而现在，我们必须自下而上地配合整体训练方案中的其他训练项目。也就是说，模式训练是跑者训练方案的基础，而不是零散分布在一周又一周的训练计划中的。

事实上，模式训练应该先于其他形式的跑步训练进行。原因很明确。首先，错误的跑步模式会让跑者的腿部和身体经受大量的地面反作用力，因而会增加损伤的风险。在缺少模式训练的情况下开始跑步，会增加训练期间因损伤而暂停训练的风险。

其次，错误的跑步模式会降低跑步效率，增强触地时的制动力，降低跑步速度，从而降低整体训练质量并延长训练的整体时间。没有坚实的模式训练做基础就开始跑步，就好像不带指南针和地图就扬帆远航，而且驾驶的还是一艘千疮百孔的小船。

模式训练 = 基础训练

在跑者步态训练的整体方法中，模式训练是新式基础训练。一般来讲，基础训练是指跑者整体训练方案中最早执行的训练，此时跑者在训练中的重点为中等强度的跑步（即中等速度跑步），并逐渐增加千米数。传统基础训练的根本原则是平稳地提升运动量和强度，以此预防损伤，并能逐渐地、可持续地使跑步训练进阶。

这种思想有一个关键缺陷，即坚信使用中等跑步速度能够预防损伤。科学研究指出，与地面撞击的次数——而非训练速度——是损伤产生的主要原因。慢速跑步不会降低损伤的风险，尤其是传统的中等强度跑步的基础阶段，并不会进行模式和强化训练[1]。

笔者在《跑步科学：优化跑者运动表现的技术、体能、营养和康复指导》（Running Science）一书中介绍过基础训练理念的好处[2]。这种新的理念提倡在基础训练阶段强调力量训练，尤其是跑步专项力量训练（模仿步态机制）。提出这一理念的原因是，在足部每分钟 180 次触地的过程中，力量训练可以保护跑者免受累积的冲击力的伤害。

然而，正如本书前文所述，采用错误的模式会增大每一步传送至腿部的冲击力，还会加快冲击力通过足部、踝关节、腿部、髋部和脊柱向上传递的速度。力量训练可以在一定程度上保护身体免受向上传递的地面反作用力的冲击，而重要的模式训练则可以构建更好的"关键时刻"，或者在触地的瞬间让身体和地面产生更合理的相互作用，限制引发损伤的力。这一关键时刻的改进主要来自全脚掌触地，而不是用脚跟猛烈触地。这一改进还需要在触地时保持膝关节弯曲和 6 ～ 7 度的 SAT，而不应使用伸直的腿（膝关节未弯曲）和 14 ～ 18 度的 SAT（然而事实上，大部分跑者在触地时都采用这种 SAT）。

这种关键时刻的改进可通过使用本书中介绍的模式训练来实现。在跑者开始所有正式训练之前，应该先形成更好的触地模式，而不应当在训练后才鲁莽地推进。

错误模式到正确模式的转变

模式的改进对跑者和教练来说都是个棘手的问题，有的人只要几分钟就能掌握正确的模式，而有的人却需要一个月或更多的时间才能让跑步模式有明显的改进。对于新手跑者来说，先学习模式非常重要，而且应当在实施提升运动量和强度的训练方案之前学习模式。对于已经形成错误模式且有经验的跑者来说，应当随着时间的推移在跑步期间逐步增加使用正确模式的练习。

例如一名每周跑 30 英里（约为 48.28 千米）或者更长距离的跑者，习惯采用脚跟触地和较大的 SAT，如果他立即转变为全脚掌触地和 6～7 度的 SAT，然后采用正确的模式继续每周跑 30 英里（约为 48.28 千米），将面临极大的损伤风险。跑者改变模式时，骨骼、结缔组织和腿部肌肉感受到力的大小和时间也会有明显的变化。因此就算是从错误模式改为正确模式，在训练负载相对较高时，模式的急剧变化也会引发问题。小腿肌纤维并不了解跑者正在从错误模式向正确模式转变，它仅能感受到每一步所产生的反作用力，而相较于脚跟触地，这种力在全脚掌触地的过程中会更大。

这就是为什么应当在训练量由少向多转变之前改变跑步模式。要从脚跟触地和较大的 SAT 完全转变为全脚掌触地和较小的 SAT 时，相较于突然改变模式或一周跑 50 英里（约为 80.47 千米），每周只跑 10 英里（约为 16.09 千米），肌肉和结缔组织整体的暂时性的紧张程度都会降低。从错误模式向正确模式转变的过程中，跑了更多里程数的跑者可以在采用正确模式时，将运动量降至极低，也可以在每周训练时谨慎地综合使用正确和错误的两种跑步模式。最终，正确模式应该在训练中占据越来越多的时间。

因此，现代基础训练的理念要求进行一段时间的集中模式训练，并结合力量训练，而且这应该在跑者开始明显提升训练强度和训练量之前进行。模式训练的内容包括第 6 章到第 10 章中介绍的练习和方法。教练应当始终谨记，要先矫正跑者的脚跟触地方式和较大的 SAT，再增加训练里程，否则就是不负责任地把跑者置于更高的损伤风险之下，并且损伤会阻碍训练的进行。

表 15.1 是一项耗时 4 周的训练方案示例，是在构建正确模式的基础时期中，正确的模式训练进程（感谢沃尔特·雷诺兹提供此方案）。

表 15.1

跑步模式训练进程

日期	第1周	第2周	第3周	第4周
准备	调整姿势	从踝关节处倾斜	从踝关节处倾斜	从踝关节处倾斜
1	原地婴儿步慢跑 1组：练习1分钟后休息1分钟，进行5次 1天进行2～3组	原地婴儿步慢跑带绳索/倾斜 1组：练习1分钟后休息1分钟，进行5次 1天进行2～3组	倾斜/摔倒+小步对比跑 步频为每分钟180步跑100米，每20米进行1次倾斜对比，进行3～4次	大步跑 步频为每分钟180步 26秒跑完100米后休息2分钟，进行2～3次
2	原地婴儿步慢跑 1组：练习1分钟后休息1分钟，进行1次；练习2分钟后休息1分钟，进行2次 1天进行2～3组	原地婴儿步慢跑带绳索/倾斜 1组：练习1分钟后休息1分钟，进行1次；练习2分钟后休息1分钟，进行2次 1天进行2～3组	休息	休息
3	原地婴儿步慢跑 步频为每分钟180步 1组：练习1分钟后休息1分钟，进行1次；练习2分钟后休息1分钟，进行2次 1天进行2～3组	原地婴儿步慢跑带绳索/倾斜 步频为每分钟180步 1组：练习1分钟后休息1分钟，进行1次；练习2分钟后休息1分钟，进行2次 1天进行2～3组	倾斜/摔倒+中步对比跑 步频为每分钟180步跑100米，每25米进行1次倾斜对比，进行3～4次	大步跑 步频为每分钟180步 22秒跑完100米后休息2分钟，进行2～3次
4	原地婴儿步慢跑 步频为每分钟180步 1组：练习2分钟后休息1分钟，进行1次；练习3分钟后休息1分钟，进行1次 1天进行2～3组	原地婴儿步慢跑带绳索/倾斜 1组：练习2分钟后休息1分钟，进行1次；练习3分钟后休息1分钟，进行1次 1天进行2～3组	休息	休息
5	原地婴儿步慢跑 步频为每分钟180步 1组：练习5分钟后休息1分钟，进行1次 1天进行2～3组	原地婴儿步慢跑带绳索/倾斜 步频为每分钟180步 1组：练习5分钟后休息1分钟，进行1次 1天进行2～3组	倾斜/摔倒+大步对比跑 步频为每分钟190步跑100米，每30米进行1次倾斜对比，进行3～4次	大步跑 步频为每分钟180步 20秒跑完100米后休息2分钟，进行2～3次
6	重复第5天的内容（可选）	重复第5天的内容（可选）	休息	休息
7	休息	休息	休息	休息
技巧	正确地触地	使用中度倾斜来正确触地	正确地落地、倾斜、向前运动	使用正确模式跑步
总步数	4 000～10 000 步/周	4 000～10 000 步/周		

注：形成正确的跑步模式后，模式训练仍应每周继续进行几次，贯穿整个训练项目。大约每2周进行一次常规视频分析，以确保跑者没有恢复从前错误的跑步模式。

源自：Walt Reynolds, NovaSport Athlete Development.

模式训练的节点

跑者进行阶段性模式训练时应记住几个概念。

你在迈腿、下落、停止和触地还是摆腿、扫腿、屈曲和弹跳

对于大部分跑者来说，说明模式时需要用到 4 个关键词：迈腿、下落、停止和触地。大部分跑者在触地前会单腿向前迈，而且通常是使用相对较直的腿（图 15.1a）。然后他们会让向前的足部直接向下落，而不是向后扫腿再使足部触地，由此产生较大的 SAT 和较强的制动力（图 15.1b）。足部触地时则停止向前运动，并让大部分冲击力快速上传至腿部，进入髋部（图 15.1c）。最后脚跟触地（图 15.1d）。

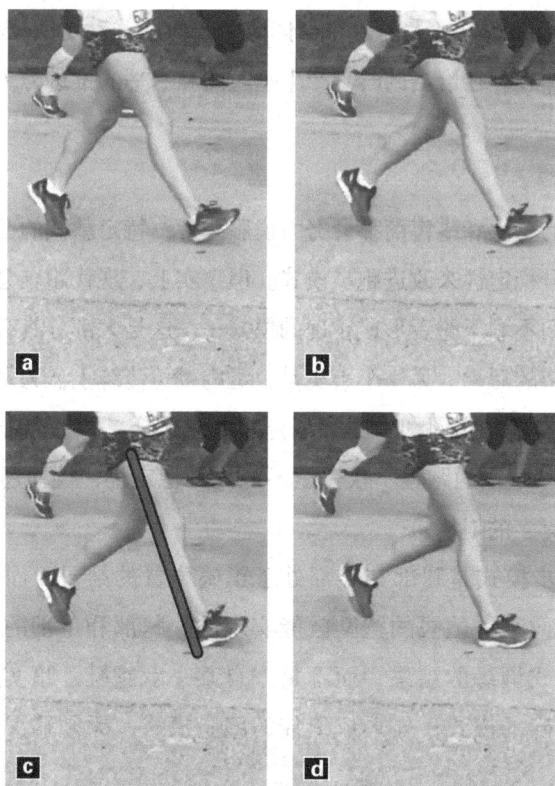

图 15.1　a. 迈腿；b. 下落；c. 停止；d. 触地

如果用数据来衡量迈腿、下落、停止和触地的模式，那么大部分跑者在中等强度的跑步过程中，迈腿的 MSA 约为 18 度。然后没有向后扫腿而让足部直接下落，产生 16 度左右的 SAT。停止和触地需确保在胫骨到达垂直位置之前，力就达到身体重力的 1.5 倍。也就是说，在向前运动的过程中，在身体到达恰当位置之前，就已经产生了较大的垂直推进力。另外，通过迈腿、下落、停止和触地，VALR 达到最大（VALR 是触地后施加于腿部的冲击力负载率，是跑步损伤的主要预测指标；VALR 越大，损伤风险越高）。

与迈腿、下落、停止和触地的模式相对的是，长跑运动员使用摆腿、扫腿、屈曲和弹跳的正确模式。运动员弯曲膝关节，有控制地向前摆腿，MSA 达到 14 度（图 15.2a）。她没有让足部直接下落触地，而是向后扫腿达到 6 度左右的 SAT［由此产生极佳的 ROS / MSA 值为 8 / 14（约 0.57）］（图 15.2b），然后使用全脚掌触地。她的足部、踝关节和髋部屈曲，像弹簧压缩储能一样，随时准备以极大的力将身体向上、向前推动（图 15.2c）。最后，她向上、向前弹起，在恰当的时刻产生垂直的和水平的推进力（图 15.2d）。

关注跑鞋

售卖跑鞋的企业和零售商都会努力说服跑者，特定款式的鞋子能够通过控制足内翻和提升稳定性来改进跑步模式。但事实上，现代跑鞋会促使跑者使用脚跟触地，从而不利于跑者形成正确的模式——这是大部分具有增高泡沫塑料鞋底的跑鞋造成的后果。另一个事实是，足内翻（传统上认为是引起踝关节损伤的动作）其实是步态周期中的一个自然组成部分，并不会带来损伤。具有"保护性"增厚鞋跟的跑鞋不仅完全不能提升稳定性，反而还会增加不稳定性，从而引发更多的损伤。

正确的跑步模式是腿部和足部处于正确位置的结果，而不是通过购买某一特定品牌或某一款式的跑鞋就能实现的。腿部和足部的这种正确定位是不间断的模式训练的结果，而不是来自某一双跑鞋。事实上，穿任何跑鞋都能形成正确的模式；要形成绝佳的跑步模式，无须购买某种特殊款式的跑鞋。

图 15.2　**a. 摆腿；b. 扫腿；c. 屈曲；d. 弹跳**

快速入门指南

如果说形成正确跑步模式需要变化繁多的模式训练和技术，而这些似乎会令人望而却步，那么跑者只要使用以下的"快速入门指南"，便可初步形成正确的足部姿势和最优的 SAT。

1. 脱掉鞋子和袜子，开始小步中速跑，确保每一步都感受到使用脚的中间部分初次触地，脚跟在脚的中间部分触地几毫秒后才触地。
2. 有意使用脚跟触地跑 20 米左右。注意体会这种感觉有多糟糕！
3. 恢复全脚掌触地，用相对较小的步幅练习跑步 1 分钟，确保使用全脚掌，而不是脚跟触地。

4. 休息片刻，然后再用此模式重复跑步 1 分钟，完全放松，感受自己的动作。

5. 重复以上步骤 3 次以上。

一些跑者仅使用这一快速入门指南就能改进自己的跑步模式。

始终记住，正确跑步模式的原则不超过 3 条，跑者在完成本书介绍的模式训练时应始终谨记。

1. 必须向前摆动足部和腿部。

2. 必须将腿部向后扫，再用全脚掌在身体前方较近处用力触地。

3. 必须努力用脚用力蹬地，向上、向前推动身体。

总　结

无法避免的是，长跑是一种接触式运动，跑者的身体与地面每分钟要接触 170 ～ 200 次。每一次触地都能产生 2 ～ 5 倍于身体重力的地面反作用力，这个力会让跑者产生更快的跑步速度或极高的损伤风险。力在足部触地时产生，它可能会成为"速度爆发器"，也可能会成为停止和制动的力。要使用正确的模式跑步，则必须以合适的方式来处理不可避免的冲击力。跑者可以通过预防损伤、提升速度的跑步模式来处理冲击力，也可以使用降低速度、引发损伤的模式来处理它。

参考文献

［1］ O. Anderson, Running Science (Champaign, IL: Human Kinetics, 2014), 449–451.

［2］ Ibid.

作者简介

　　欧文·安德森（Owen Anderson）博士是一些全球顶级跑者的教练和经纪人，其训练过的运动员包括：辛西娅·利莫（获 2016 年国际田联世界半程马拉松锦标赛银牌，在 2016 年公路赛统计协会的世界公路赛报名中位居第一）、玛丽·瓦塞拉（获 2014 年国际田联世界半程马拉松锦标赛银牌、2016 年获该赛事铜牌）、莫妮卡·恩吉格（2 次库珀河大桥 10 千米跑获胜者、2017 年蒙特雷湾半程马拉松赛冠军）、玛丽·旺吉（2017 年塔尔萨 15 千米跑获胜者）、艾凡·开普凯莫伊（2017 年肯尼亚阿克索迪克越野运动会冠军）及格拉迪丝·基普索伊（2017 年匹兹堡半程马拉松赛获胜者）。

　　欧文著有 5 本关于跑步的书，他还在各种刊物上发表过数百篇关于跑步的文章。

　　欧文还作为特色演讲者在世界各地的大学进行专题演讲，包括伦敦城市大学、大阪大学和东京大学等。欧文能说一口流利的斯瓦希里语，他曾先后 25 次到访肯尼亚，管理跑步训练营、招聘精英运动员及研究肯尼亚精英跑者的训练习惯和饮食习惯。在夏季，他曾主持全美跑步训练营。

译者简介

朱思昊，中国传媒大学法学学士，清华大学五道口金融学院高级管理人员工商管理硕士（EMBA）；体育运动和健身爱好者，长期关注大众健康、体育教育和消费升级领域；住享屋（北京）科技有限公司创始人；译有《女性家庭健身指南（全彩图解版）》《拉伸宝典》《男性健身房训练全书（第2版）》等图书。

徐小平，吉林大学金融学学士、清华大学五道口金融学院EMBA；体育运动和健身爱好者，有超过10年的文旅、文创、文体投资经验，长期关注科技与体育的结合、文化与体育的融合、文创引导体育的变革和发展等领域。